醫心

急症立即處理，重症在地醫療！

婦癌專家王功亮台東馬偕三千天

王功亮
齊萱——著

仁心仁術，黃金十年

行政院政務顧問
台東縣醫師公會前理事長
台東縣診所協會理事長
朱建銘

台東馬偕醫院是我們台東縣境內唯一的區域醫院，近十年來，東馬在王院長的領導之下，持續不斷的努力提升醫療品質，包括通過癌症治療品質的認證，評鑑成為重度急救責任醫院，引進達文西手術，內視鏡超音波等，讓我們台東鄉親不至於一碰到急難重症就要到西部的大醫院求診。

台東因為地理位置的關係，交通比較不方便，過去從馬偕總院輪調到台東的年輕醫師，考慮到子女的教育問題，只要服務年限一到，大部分都會離開，招募醫師極為困難，王院長任內想方設法積極號召各科的醫師來台東服務，充實各科的服務量能，從初期的六十多位醫師，到目前已經有九十多位的醫師，在基層醫療碰到疑難雜症時，總是能夠讓我們安心的轉診到東馬，作為我們的後盾，是我們基層診所最好的朋友，也讓台東的鄉親在就醫上有更多的選擇。

王院長對於同儕的愛護也充分表現在行動上面，記得有一次有位開業的醫師前輩因心臟疾病被送到台東馬偕的急診室；醫生沒有當過病人，在被送到急診室的當下也是六神無主，因此聯絡我請我幫忙，我趕快打電話給王院長，院長不但交代急診室的醫師要好好的照顧我們這一位前輩，也親自到病房來關心和慰問，讓這位醫師前輩對王院長的愛護感動不已。

因為台灣的健保制度在設計上面並沒有限制病人就醫，雖然就醫可近性極高，但相對的大醫院經常人滿為患，病人常常掛不到號，急需住院的人常常是一床難求，李伯璋在擔任健保署長任內，積極推動分級醫療雙向轉診，讓大醫院來照顧基層診所轉診過來的急重症病人，而在大醫院看診一段時間病情已經穩定的慢性病病人，則鼓勵從大醫院轉給基層診所來照顧。然而因為健保總額的框架，醫院的經營並不容易，有些醫院考慮到醫院的營運收入，對於雙向轉診的推動並不見得積極，東馬在王院長的領導下，推動在地醫療整合，過去的轉診方式基本上都是由基層診所轉到台東馬偕，在王院長的努力之下，目前病情穩定的慢性病病人也會從東馬回轉到基層診所，而且回轉的比例也一年一年的提高。

數字會說話，以最近的二〇二二年來說，第一季到第二季的轉出比例已經從十七%提高到二十二%，而且台東馬偕推動雙向轉診免收掛號費，提高誘因，讓病情穩定的慢性病人由基層診所來照顧，東馬來照顧急症與重症的病人，醫院和基層診所大家一起攜手合作，讓台東鄉親得到最好的醫療服務。

人生能有幾個十年？王院長在他專業領域的巔峰時期，捨棄名利來到台東奉獻，仁心仁術，足為醫界楷模，欣聞《醫心》新書出版，介紹台東醫療的不足，以及王院長如何努力扭轉困境，希望喚起更多有心人士投入，因而樂為之序。

慈愛恩典，應許必踐

台東縣醫師公會理事長
台東大慶診所院長
何冶菱

三千個晨昏，日升月落，物換星移，這個時間夠長，長得足以讓蒼松勁柏閱盡霜雪，舒展向天；長得足以讓青澀少年抽筋剔骨，卓然挺立；台東馬偕，在這段日子裏，因為王功亮院長，無數次的北東奔波，無數回的伏首累牘，席不暇暖，成就了今天的馬偕新風貌，枝葉廣袤蔚然成林，守護台東這一方水土，是堅持，是信仰，也是我所認識的王院長的一貫風格。

在台東四十餘年，我身為一位基層醫師，三度忝任醫師公會理事長，醫者父母心這句話長在我心，每位患者交到我們手中，毫無懸念的就是希望他們平安康復，當基層診所無法勝任在握時，後送責任醫院——馬偕，就是基層醫療所寄望。這三千個日子，功亮兄沒有讓我們失望，建設急重症醫療大樓，增添先進儀器設備，培訓完整團隊，照顧醫護居住需求，簡化行政流程，讓整個東馬團隊得獎無數，躍升地區醫學中心之列，台東鄉親不再冒著病危風險，披星戴月舟車勞頓轉診求診都會的大醫院。

「將你心所願的賜給你，成就你的一切籌算。」我引用《聖經．詩篇》20：4這句話送給王院長，相信他會滿心歡喜。

我說三千夠長，臨別之際，卻又覺得太短，如果能留住功亮兄在後山的日子，台東的醫療又會是另一番的凌空跨步，沒關係，讓他回到台北，這是力量的擴散，也是愛的延伸，王院長的慈愛恩典，已深深烙印在台東民眾的心中。民國一百一十二年度慶祝醫師節，台東縣醫師公會敬致王院長「醫療奉獻獎」是一位醫者的榮耀，祝福了，王院長。

阿亮與焜仔

國泰綜合醫院院長 李發焜

民國六十二年王功亮院長與我一起進入高雄醫學院醫學系就讀，歷經同窗七年情誼，我們漸漸地以「阿亮」與「焜仔」互稱，彼此間特別投緣，就像哥兒們一樣，甚至也因志趣相投而同樣選擇了婦產科為執業科別，而後即使在不同醫院工作卻仍保持聯絡，經常交流醫療專業與經營理念。

相識至今五十載餘，王院長總是在確立了目標之後便全力以赴，不僅在學期間表現優秀且名列前茅，執業後也持續精進醫療專業技術。自民國一〇三年起擔任台東馬偕醫院院長，更以「強化急重症，落實在地醫療」為使命，自勉提昇後山的醫療資源來造福偏鄉民眾，在一〇九年獲頒「台灣醫療貢獻獎」的殊榮正是名符其實的最佳肯定。

王院長帶領台東馬偕期間，以婦癌專家之所長，帶領著全院團隊成立癌症中心，整合現有癌症醫療資源，於一〇六年通過「癌症醫療品質認證」，成為台東唯一獲得認證的癌症醫院；同時，透過積極爭取馬偕董事會及台北馬偕的支持，以提升醫療技術及硬體設備，並在中央、地方政府及各界的協助下，台東馬偕於一〇八年成為重度級急救責任醫院，提供各科二十四小時不間斷急重症守護。這些都是為了讓民眾能夠獲得在地且高品質的醫療照護，減少奔波轉診到外縣市的不便與風險，確實實踐了他當初前往台東的理念與使命。

這本書藉由作者齊萱流暢感人的文筆，將帶您一起走過我的好麻吉阿亮的從醫之路，也讓讀者看見王院長在艱難中仍看見希望，以他的用心與努力翻轉台東醫療環境，帶領台東馬偕成為後山不可或缺的重症醫療守護者。

阿亮，你這三千天，真的是平常而不平凡的日子，焜仔不但以你為榮，且與有榮焉。

好又良善的好管家

馬偕紀念醫院總院院長　張文瀚

想到九年多前王院長受派來到台東，當時台東馬偕的急重症大樓初落成。台東人對這棟樓有非常深的期待，期待能解決台東人長久醫療不足的痛！上帝託付王院長這重責大任，王院長憑著自己的醫療專業、醫管專才及長久累積在醫療界的人脈，以及堅定的信仰，善盡一個好管家的職分，九年內翻轉台東馬偕，不僅在醫療上成為在地人的倚靠，讓台東馬偕更為壯大，讓上帝的產業在東部成為眾多人的幫助，確實不易，令人稱佩！

馬偕四個院區就屬台東最特殊，其他三院區都位在北部。當時設立台東馬偕的初衷也是秉持馬偕博士的精神，將醫療送到最匱乏的台東，想的只是付出並不求回饋，拿台北賺的錢去支應東部的需求。但想也沒想到，台東馬偕的成長超乎所求所想，除了完成了託付的使命，在各方面都表現亮眼，已成為馬偕醫院的最佳典範！未來不管我們的位分是什麼，不管是在台北或台東，仍然一本初衷，在馬偕大家庭中同舟共濟，在一神一心的根基下，彼此幫補彼此合作一同成長，一起守護上帝的產業，幫助更多民眾的健康。

祝福王院長榮退後邁入人生新里程，上帝永遠紀念他在台東的這段美好的歲月。

提升台東醫療品質，朝醫學中心邁進

前台東縣縣長 黃健庭

過去因為交通不便、醫療資源不足，台東人經常有「二等公民」的感嘆。只要有充足的建設經費，交通運能就可以提升，但要改善醫療資源，相對不容易，所牽涉的不僅是經費問題，還必須有優秀人才，願意犧牲奉獻，投入偏鄉醫療。

所幸，上帝給了台東兩家很棒的私立醫院，馬偕和東基，聯手部立台東醫院，扛起了守護台東人健康的重責大任，更感謝王功亮院長，以婦科權威、百大名醫的聲望，來到台東服務，進一步翻轉台東醫療。

二〇一四年五月，王功亮院長到台東馬偕任職，當時恩典樓（急重症大樓）剛落成，他接下前院長張冠宇的棒子，為東馬增加專科醫師、增添先進設備，讓東馬有更完備的專科照護能力，大幅降低台東病患轉院至外縣市的比例。

在王院長的努力下，「急症立即處理，重症在地醫療」不再遙不可及。為了讓癌症患者能得到更周全的照護，他還成立癌症中心，獲衛福部「癌症醫療品質認證」肯定，更積極籌建癌症醫療大樓，帶領台東馬偕朝醫學中心邁進！

提升台東醫療品質，我與王院長有相同的目標。當初為了急重症大樓的興建，我便號召縣政府同仁、民間企業捐款支持，而縣府與東馬在急救演練、高級救護隊視訊支援等方面也一直合作無間。二〇一六年七月八日的清晨，尼伯特十七級颱風重創台東，超過三百人湧進東馬急診室，巨大的考驗卻帶著滿滿的恩典，受傷的鄉親都得到即時的照護，平安出院！

讓台東人民過更幸福的日子，是我擔任縣長時的使命，也是王院長在東馬做的事。謝謝功亮院長委身台東近十年，對提升台東的醫療品質做出卓越貢獻。我相信王院長做在弟兄中最小的身上，就是做在主身上了。上帝必有豐厚的恩典回報院長，也期盼他的故事，能激勵更多好醫師願意到偏遠地方服務！

汗水和光芒

前馬偕紀念醫院總院長 楊育正

很高興我能搶先閱讀到這本齊萱花了兩年時間所寫的《醫心》。

回想二〇一四年我徵詢王功亮醫師出任台東馬偕醫院的院長，當時我交給他五個任務，其中最重要的就是「急症立即處理，重症在地醫療」，其次就是要結合台東醫療院所，「東馬作為台東地區所有醫療服務院所的盟主，而不是霸主」，及關心在地人的健康提升與普遍的營養問題。

王院長沒有辜負我的重托跟期待，在他在台東的近十年，台東馬偕醫院通過了重度急救責任醫院、區域醫院評鑒和教學醫院評鑒，同時不斷增添最新的醫療設備，不斷地聘請優秀的醫護團隊，讓台東地區的百姓都能夠得到適當、適時的醫療，尤其在他所最擅長的癌症醫療，他將台東地區的癌症病人，絕大多數都不再擔心須轉院的問題，都能夠在地解決。這些成績說來容易卻充滿汗水和淚水！

王院長不但是癌症醫學的專家，也是達文西機械手臂手術的專家，他在台東馬偕醫院引進的最新一代的達文西機械手臂系統，不僅宣示台東馬偕醫院的醫療水準達到醫學中心的水準，同時也是宣示台東人可以在東馬接受到最好的治療標竿。

這本書不僅是記錄了王功亮院長，這三千多天在台東馬偕醫院的醫療行述，也是再一次顯明了《馬太福音》25：40節上所說：「這件事，你們既做在我這一個最小的弟兄身上，就是做在我的身上。」

作為基督教醫院，台東馬偕醫院在王院長的領導之下，再一次讓醫院的十字架的光芒讓人都看見，讓人回想馬偕牧師的「一切為基督」的座右銘，也是馬偕牧師一生「寧願燒盡，不願銹（朽）壞」的行誼表現。

謹向大家推薦這本書，願您跟我一樣，在書中的字裏行間，讀到王功亮院長三千多天服事的汗水和光芒。

功在偏鄉，點亮台東

台東縣縣長 饒慶鈴

秉持上帝之愛，王功亮院長來台東近十年，用愛與專業服務在地，更積極領航偏鄉醫療進步與設備強化，為台東奉獻了最大心力，謝謝您，王院長！

偏鄉需要做的事實在太多了，王院長率團隊一步一腳印的做；尤其台東馬偕長久承擔台東縣六成以上的急診就醫量及癌症醫療，婦癌權威的王院長從癌症的團隊組織建立開始，陸續成立八大癌症多專科團隊、癌症中心，整合癌症醫療資源，帶領東馬成為台東唯一通過認證的癌症醫院。

王院長全力爭取補齊東馬急重症醫療最需要的科別，提供台東二十四小時心臟外科、整形外科、神經外科、眼科急診服務，大幅降低民眾緊急轉診或外轉至他縣市就醫比率，並為台東引進達文西機器手術系統，成為台東縣第一個也是唯一的重度急救責任醫院。

其他包括提供綠島、蘭嶼兩個離島，心臟科及耳鼻喉科遠距醫療5G遠距醫療，與縣府攜手推動「護心計畫」，把救護車提升為行動急診室；在疫情期間全力配合縣府防疫：如提供台東縣唯一進駐防疫旅館醫護人力、疫苗快打站醫護人力、重症唯一接收個案醫院等，守護偏鄉不遺餘力。

再次感謝王院長近十年來的付出，為台東留下平安、帶來展望，我們會承繼著「以耶穌基督愛人如己、關懷弱勢」之精神，繼續提升在地醫療、繼續守護台東。

眼界與地界

王功亮

台東這個位在台灣島東邊之隅的城市，對台北而言那就是一個遙遠而偏僻的國度。九年多前受召來到台東，當時懷抱著戒慎恐懼的心情，求主指引我能為這塊土地做些什麼。九年多後的今天我回頭仰望，這個人稱偏鄉的地方，它有改變嗎？鄉民的就醫環境真的改善了嗎？最近在一次偶然的機會聽到台東計程車司機對台東馬偕的評價：現在的馬偕真的不一樣了，以前大家都說病人是走的進去，躺著出來；但現在正好相反是躺著進來，走著出去！聽到後，我內心的喜悅真是無可比擬，九年多來帶著員工的打拚努力，似乎對台東的醫療有些翻轉了！

來到台東第一要解決的問題，就是民眾外轉的問題。但要將病人留住，說來容易，做起來卻是一個很大的工程。而我要的醫院決不僅於此，我希望它有足夠的專業及品質，能與北部齊步，能解決全部台東縣民的急重症。我要打造的是台東醫療的 SOGO，而不是 7-11。帶著這樣的願景，多少晨昏我四處去找醫療人才，也賣力為增加醫療設備請命，更多時候在提昇醫院內部的品質。這幾年在衛福部、台東縣府、衛生局及馬偕董事會和總院的大力幫忙，我們急重症人力及設備一一齊備，已達當時來台東立下的目標「急症立即處理，重症在地醫療」，這是台東人之福。

我相信在主沒有難成的事，當我將醫院擺上與神同行，領受從神而來的眼光，就必看見神預備的產業是何等豐盛美好！

側記之眼，書寫之心

起心動念四年，投注心力兩年後，好像再說什麼都是多餘的，但反過來說，又好像還有太多沒有記錄和書寫。

看過初稿，王院長最先詢問我的是能不能將他自述的部分都改成第三人稱：「第一人稱，感覺好像……好像……」我清楚他怕給人「自我吹噓」之感的顧忌，在此要說明這是我選擇的書寫方式，想必讀者也都能理解。

拍攝封面照的那一天，照例看診的人多，下診後他又趕去看手術後的病人，我和攝影團隊在等待的半個多小時中，眼見雲層攏聚，心中難免七上八下。可是就在院長沿著長堤走來之際，太陽破雲而出，給了亮澄澄的台東藍。上帝果然明白他這近十年來，與東馬團隊對這片土地上人民的奉獻，深深愛惜著他。

拍攝過程中，院長不但全力配合拍攝團隊的要求，對於不懂的細節，也一定提問，得到答案，就露出如孩子學到新事物般的滿足笑容。

而最近一次進行的回診追蹤，我拿出手機先讓他看看照片，說：「這張很帥耶。」口罩覆蓋下的半張臉「唰」得紅起來，啊！這醫術之外的陌生稱讚，讓他害羞了。

然後他一反過去每次看診後「妳要快樂」的交代，像是反將我一軍的說：「妳今天很快樂喔。」

這可難不倒我：「因為乖乖來追蹤，看到院長就安心，當然快樂。」

側面觀察，正心書寫出王功亮院長謙遜、學習、靦腆等等的真實面相，是我莫大榮幸。容我鞠躬，感謝：台東馬偕醫院院長王功亮、院長室管理師蔡福松、攝影師徐維（利貞傳播）、編輯馥蘭、或列名、或賜序推薦，以及所有居中聯絡，甚至是美編設計、製版印刷，無法一一點名的朋友，有您們的幫忙，此書才得以完成。

目次

前言 1

初識這位冷靜以對的罹癌患者齊萱

「妳想何時動手術？」我看著眼前這位患者，用一貫冷靜的口吻問。

她完全沒有迴避我的眼神。「越快越好。」

行醫四十餘年，能讓我驚訝的事情已經不多，但眼前這位首度見面的患者，即便不到驚訝的程度，但在不到十分鐘之內，卻至少已經不是令我第一次感覺到意外。

＊＊＊＊

冷靜到讓我開始有印象的病患，下次相見，就在手術台上了

打從進入診間開始，上內診台檢查過後，回到辦公桌前，面對第一個

問題，得到第一個答案，她就讓我覺得「不一樣」。

「從檢查報告和剛才的內診診斷看起來……」我沉吟了一下，然後問我一貫會詢問的：「有沒有家屬陪妳來？請一位進來？」

「沒有，沒有家屬陪我來，」她聲線始終維持著輕且低的頻率，表情至少看似平靜，並搶在我進一步詢問前說明：「我是單親家庭的獨生女，而且單身無子，只有一位七十幾歲，有長期慢性病的母親。所以，」她迎上我的眼神，堅定地說：「**任何事情，都請直接跟我說，我可以接受，也可以決定。**」

「好，之前的切片檢查，已經確認妳子宮內的腫瘤是惡性的，我的建議是先動手術切除，我會切除妳的子宮，同時考慮到妳的年齡，已經停經，為了安全，會一併切除卵巢和輸卵管，並視需要摘除一些淋巴。妳有沒有保險？有沒有實支實付？如果有，我建議妳用達文西手術。雖然目前台東馬偕（全名為『台灣基督長老教會馬偕醫療財團法人台東馬偕紀念醫院』，台東民眾習稱『東馬』）尚未引進，還要等兩個月左右，但是我會帶領團隊在台北幫妳做這個手術，隔天妳就可以下床，第三天就可以回台東，在台東等待期數報告。」

「我要動傳統手術，不做達文西手術，也不做內視鏡手術。」她沉穩的表示。

又一個意外，我發現這位患者的話幾乎和我一樣少，一般病患多多少少會因為焦慮而延伸出大多數和病情無關的問題，但是她完全沒有。

「達文西手術的優點我知道，但是我決定請院長幫我動傳統手術，麻煩您了。」她再度堅定地說。

「好，那妳決定什麼時候動手術？需不需要回去跟家人商量一下？」

「不用，我決定就可以，越快越好。」

我掏出隨身的小筆記本，翻動著頁數，發現患者的嘴角稍稍往上拉出一個弧度，為什麼在這種時候她會首度雙眼發亮，露出微笑？答案，得在大約過了半年後我才知道。

看著小筆記本，我與跟診的年輕醫生低聲說：「去年一整年的排刀數，好像今年一開年到六月，就要破去年台數了，」在罹癌人數增加與信任地方醫療之中，我願意選擇相信這是台東民眾信賴東馬的結論，於是我馬上把專注拉回眼前的患者身上。「我這週排滿了，下週二可以，妳週一晚上來住院，我們週二動手術。妳先到外面等一下，護理師會解說要辦理的手續。」

「好。」

她已經起身，對我鞠躬：「謝謝院長，一切就拜託您了。」

這真的是一位冷靜到讓我開始有印象的病患，下次相見，就在手術台上了。

＊＊＊＊

第一次，我聽到她哽咽的聲音，看到她的淚光隱隱

二〇一九年三月十二日下午，我進手術室，這是我今天的第一台手術，合作的團隊默契十足，各自就位，從下刀到完成手術，歷時三小時二十四分鐘。

我摘除了患者的子宮、輸卵管、卵巢和骨盆腔的淋巴，出手術房，迎面而來的，永遠是（絕大部分）焦灼的家屬，我看到了自稱是表妹的家屬代表，把摘除的器官送上，向她說明。

「手術順利完成了。這顆腫瘤就是惡性的，子宮壁也可以看到黑點，慶幸的是，輸卵管、卵巢和淋巴看起來都是乾淨的，不過詳細的期數，我們仍然要等到化驗的病理報告出來才能確定。病人正在恢復室等待甦醒，之後就可以回到病房。」

「謝謝院長，謝謝院長。」

一如病患原先跟我們說的，她的直系血親只有一位已經七十多歲的母親，她會盡量的獨立面對病痛，但我發現她的表妹馬上紅了眼眶，我也發現她的朋友似乎不少，其中還有我們院內的護理長。

超過四十年的行醫生涯中，我看過了太多意想得到或意想不到的場面和家庭關係，當下也沒有太多的想法，畢竟手術只是第一步，接下來病患需要面對的，還有更多。

但一如以往，我仍在心中為這位病患禱告，求透過我醫治她的主，能夠繼續保守她接下來要面對的療程。

第一次巡房，是在手術的隔天，病患手上有點滴，身上有尿管，但看起來精神是不錯的。我從病歷表中得知她對嗎啡過敏，已經拔除，改用一劑十二小時的長效型止痛針，畢竟動的是傳統大刀，縫了二十三針。

「還沒有排氣之前，不能吃任何東西，拔除尿管後，要練習排尿。」是我的交代。

「好。」她一樣給我簡潔的回答：「謝謝院長。」

而我發現，這個單人病房內，除了幾盆花、一些補品以外，並沒有熙攘往來的探視家屬或朋友，只有一位專業看護陪著她。

她的表情是平靜的，卻又有種我說不上來的沉思，彷彿有著什麼意念在腦內、心中盤桓著。

第二次巡房，我必須承認自己是有點意外的，她站在床邊，是「站」在床邊，而不是躺在床上。

「妳可以起來了？」

「院長好，」除了問好，她也跟我身旁的醫師和護理師點頭致意。「尿管拔除，馬上就自行排尿，也排氣，可以進食了。能起來就不想一直在床上，剛剛馬姊姊還陪在外頭沿著病房走了一小圈。」

「好，」我看了看手中的病歷表，感覺這是一個很配合的病人。「但是……」我再看仔細了病歷表。「妳的報告還沒有出來，就再住幾天，等報告。」

「好。」第一次，我看到她的表情有著微微的動搖，而她心情的轉折，則要到日後我才知曉了。

「先這樣，妳多休息。」

第三次踏進病房，我幾乎是沒等她先打招呼，就開心的說：「報告出來了。」

她怔怔的看著我，雙唇微張，卻顯然不知道要說些什麼，而我也沒有給她任何空檔。「確定是第一期，恭喜妳。」

坐在床上的她突然彎腰深深對我鞠躬：「謝謝院長，謝謝大家，謝謝……」

不管經過多少年，不管為多少位病人開過刀，能夠有好消息，身為主治醫師的我，還是會與病患同理同心。「我原本還擔心會是第三期，結果如我所祈禱的，是第一期，真的很恭喜妳。等等會幫妳拆線，後續治療及追蹤計畫，也會幫妳安排回診時間。」

她抬起頭，這是第一次，我聽到她哽咽的聲音，看到她的淚光隱隱。

「好，謝謝院長，謝謝大家，謝謝……」

我揮揮手，也幾乎是「認識」這位病患後，第一次帶著放心的笑意離開病房。

＊＊＊＊

說到她在做的事情，還能繼續做的事情，我發現她的眼神是不一樣的

四月份，她在我的建議下，為期三週，每週五天，來回花蓮做俗稱「小電」的腔內放射線治療；六月，就在我要開始安排她追蹤計畫的時候，她第一次改了回診的時間，也開啟了她自己以病體之軀，長照確診帕金森症，並且有多重慢性病母親的生活。

六月起前幾次比較密集的回診中某次，她邀請我參加她主辦的「太平洋畔聽玉山」活動。

「是電影《看見台灣》中，在玉山上唱拍手歌的那群孩子所屬的團體，創辦人馬彼得校長要帶領原聲童聲合唱團來演出。這是去年底就談妥的事情，後來因為我的身體暫時擱置。」她低了一下頭，再抬起。「真的、真的很希望院長您能來，因為沒有您，這場演出就會一直擱置下去了。」

說到她在做的事情，還能繼續做的事情，我發現她的眼神是不一樣的，**那眼中的光，幾乎可以照亮她這陣子因為長照母親而疲憊黯淡的臉龐**；是，是因為長照母親，而不是自己罹癌而沮喪，這讓我開始好奇，她有什麼過往、什麼樣的成長背景、什麼樣的掙扎、什麼樣的家庭生活，甚至是什麼樣的心願……

能夠讓她如此？

十一月份，我們有了一次約定的會面。

醫生和病人在醫院會面有什麼稀奇？

醫生和病人在醫院會面當然不稀奇且理所當然，但是一位廣播節目主持人在醫院的會議室中約訪我，那就顯得特殊一些了。

我拿著她提早一個禮拜就送進來的訪綱，走進她早就和院長室管理師蔡福松等待的會議室，面對即刻起身的她說：「哇，妳問的問題都很尖銳啊！」

她的微笑中有一絲的訝異。「最尖銳的問題，我可沒提。」

然後我們各自落座，她反客為主，熟練的拿出錄音器材，用一個我沒有聽過的名字自我介紹，緊接著就毫不浪費時間的直接切入主題。

「各位親愛的朋友，我是齊萱，歡迎回到我們《懶得出去．在家看書》的『在地閱讀．閱讀在地』的單元，在這個單元裏面，我們跟您分享台東精采的人事物，非常難得的請到肯定稱得上是台東最忙碌的人物之一，台東馬偕醫院的院長王功亮。首先我要代表所有的台東鄉親跟院長問好，也請院長跟大家打聲招呼……」

那一天，訪談從說好的半小時進行了將近延長一倍的時間，她問得很仔細，聽得很專注，隨時補充新的好奇，並且在我說了一段故事後，笑出聲來。

「院長，這可是您自己說的，**這才是我沒有寫在訪綱中，卻是所有台東人最尖銳的問題啊！**」

那天，我們談了我會到台東來接任院長的始末，我當時的心願、到任後的改革、已經做到的和更多想做的翻轉。

＊　＊　＊　＊

因為毋須任何用藥，
所以我每次都會叮嚀：「妳要快樂。」

結束訪談後，她拿出了一個寶藍色的盒子。

「院長，謝謝您今天接受採訪。我們節目是推廣閱讀的公益節目，靠募款進行，沒有車馬費給來賓，真的很不好意思，也很感謝您。這是朋友為齊柏林基金會設計的馬克杯，裏頭有象徵我們台灣的玉山座標。他們知道您是我的救命恩人，特地囑咐我一定要親手送上，感謝您的聖手仁心。」

那次的訪談，她分成了四次在二〇一九年十二月做一整個月的完整播出，而每次追蹤，她也總是最乖、最配合的病患之一。

我知道身為需要追蹤的癌症病人，又碰上長照母親的漫漫長途，她的壓力有多大，但是她的情況，一直穩定著，可見她有多麼努力。因為毋須任何用藥，所以我每次都會叮嚀：「妳要快樂。」

她總會有片刻怔忡，甚至眼眶微紅，但也總是馬上回應我笑容，說：「謝謝院長，我會。」

然後在二〇二一年底，請我為她書寫記載罹癌心路歷程的《親愛的，我在》作序推薦，跟我提出了一個她說在動手術之後，開始定期回診追蹤期間就萌生的建議。

一個從二〇二二年疫情大爆發期間，開始進行的計畫。

一個讓我有機會回顧自己從小開始，為台灣醫療、這八年來，尤其是為台東醫療傾盡全力的計畫。

於是我的記憶，不只飄回到與她初次見面的二〇一九年三月五日，還要回到更久更遠，回到，我生命的起點。

前言 2

成為台東馬偕院長王功亮的病患

「妳要快樂。」

就在我已經半起身之際，我聽到了這次追蹤的「處方箋」。

看著院長誠摯的眼神，我的眼眶有剎那的微燙，心想：原來他都知道。感動的千言萬語堵在我的胸口，無奈我沒有時間說，院長的時間更加寶貴，於是我只說：「謝謝院長，我會。」

走出診間，我自問：如果快樂是需要努力的，那我之前對自己到底有多麼苛求？

再問：如果到這地步，我還不知道自己應該快樂，那麼，我又是多麼辜負所有愛惜我的人，包括台東馬偕醫院院長王功亮？

＊＊＊＊

世間緣分，自有安排，我終究認識並成為台東馬偕院長王功亮的病患

「王功亮」這個大名，我早在他剛調任來東馬擔任院長時就聽過，但也僅僅是聽過。沒事，誰會去記醫生的名字呢？尤其是單身的我認為自己肯定不會有機會見面，有需要認識的婦科醫生。

但世間的緣分，自有安排，我終究還是認識了東馬的院長王功亮，而且成為他的病患。

「妳覺得王院長人怎麼樣？」手術後住院期間，來探病的朋友之一這樣問我。

我一時語塞，無以言對。

「就是你們見面時，妳對他的感覺怎麼樣？」

「『見面』？」這我倒是可以回答了。「我們最長的一段『相見』，應該是我麻醉後的手術期間，我人事不知，而他也只看得到我的病灶，最多就是我的肚皮，哪裏來什麼感覺？」

朋友翻了白眼，顯然這不是她想知道的答案。

「黑色小筆記本。」我突然冒出幾個字，讓她可以把從天靈蓋後的黑眼珠再翻回來。

「什麼？」

我本來還想逗她，說喜歡追劇的她，難道沒有看過松本清張的推理名作，想想還是算了，直接說明：「院長問我想要何時手術時，我跟他說越快越好，然後他掏出了一本可以裝在醫師袍口袋內的黑色小筆記本，翻開來看行事曆。我原本緊繃的心情突然放鬆，心想終於又碰到一個和我一樣，至今仍用實體日誌記事的人，**那一瞬間，我安心許多，或許文字終究是可以安撫我的，即便是記錄安排我手術時間的文字。**」

這回換朋友無言，不過她早該知道我是個怪胎吧？

那是我跟院長最初的見面，時間不長，決定的事情很重大；至少，對我而言，就是生死交關的大事了。

到了我們「相處」最長的一段時間，也就是手術房內的剖腹摘除病灶，他看到的我已經是麻醉後的狀態，而我清醒之後的叫痛，又已經回到普通病房內。根本沒有見到彼此。

之後的巡房，第一次我連尿管都還沒拔除，第二次讓我很想跟他抗議的，是他見我已經可以下床，一來甚感欣慰的樣子，卻又邊翻病歷表邊說：「但是……」

但是什麼！

「但是妳的腫瘤病理報告還沒有出來，再住幾天，好好休養。」

望著他轉身離去的背影，我真想說：「院長，以前聽人說您講話快，我之前只覺得您講話少但精準，不過這次，您的『但是』後頭，可不可快點接上呢？」

彷彿聽到了我的心聲，第三次巡房，他一進門就迫不及待地說：「恭喜，報告出來了，是一期B，腫瘤並沒有突破子宮，輸卵管、卵巢和淋巴都是乾淨的，我會安排妳做預防性的腔內放射線治療，拆線後，住院醫師會為妳說明。」

我第一次在他面前失態，淚水控制不住的奪眶而出，因為坐在床上，只能低頭鞠躬說：「謝謝院長，謝謝院長。」

他把聲音放低，說：「真的是太好了，我本來還擔心會是第三期，真的恭喜妳。」

這是我第一次聽到可能是「初期」、「一期」外的字眼，猛然抬頭迎上他也是首度露出的開朗笑容和一臉的開心。

這次，我無法再開口，因為眼淚流得更兇，原來，主刀的他，在這半個月裏，為我這位病患承擔了這麼多。

＊＊＊＊

妳說明得太清楚詳細和平靜了

之後因為台東沒有腔內放射線治療的機器，所以四月中的三週，除了週末週日以外，我都在花東的鐵道上度過，每天四點晨起，五點上火車，六點半到花蓮，九點前進慈濟醫院，完成兩分半鐘的體內電療，然後在十二點前回到台東。

在被轉診到花蓮慈濟醫院前，院長先幫我掛了東馬的放射科，以便取得轉診單。

「我二月十八日到平日看診的景春中醫診所……」這已經是我可以倒

背如流的病程了，但是我還是在呂國維醫師越睜越大的眼睛，以及越來越驚訝的表情下打住。「呂醫師，怎麼了？我有什麼地方說漏了嗎？」

「不是，而是妳說明得太清楚詳細和平靜了。」

「啊，這是我自己的身體，自己的病情，本來就該記得清楚。不然，」我有點好奇。「醫師，您平常看到的病人，都是什麼樣子的呢？」

「罹患癌症，對任何人來說，都是重大的衝擊，幾乎都需要家屬陪伴聽醫囑，因為本人不但是說不清楚，還往往是聽不清楚的。**像妳這樣可以連發現、診斷、切片、手術和住院時間都交代得詳詳細細的，實在少之又少。**」

「那我可以請教一件事嗎？」

「妳說。」

「院長說腔內放射線治療的機器並不貴，台東馬偕連達文西都快有了，為什麼沒有腔內放射線治療的設備？」

「因為台東人口數相對的少，罹癌後需要腔內放射線治療的病患比起體外放射線治療和化療的更少，腔內放射線治療的設備不貴，可是每月耗材一定要備妥，要是那個月沒有需要腔內放射線治療的病患，至少五、六十萬的耗材就必須報銷，所以只好請妳到有醫學中心的外地醫院去做腔內放射線治療，辛苦了。」

呂國維醫師的聲音非常好聽，難怪之前我曾在廣播中聽到他受訪，但現在說的卻是我從小到大、甚至是快要到老的台東醫療困境。

這困境，究竟有沒有改善的空間與機會呢？

＊＊＊＊

側面觀察的，永遠比聽說來的更真實

「妳覺得王院長人怎麼樣？」

後來我想起朋友問我的這句話，背後真正想問的，其實是：「妳覺得王院長對妳怎麼樣？」吧。

我知道人在生病時是最無助的，所以往往會希望奇蹟出現，最接近奇蹟的，就是找到一位神醫，能把所有的病痛都醫治好，而且在治療的過程中，視病如親，或者至少，能得到特殊的待遇。

但醫生也是人，醫療只是他們的職業，或者說是工作，他們不是神，如果將他們當成神，那肯定是病患和家屬的誤解，我也很早就覺得「視病如親」這個成語是頂過大的帽子，就像說老師是人生的第二個父母一樣，在我心底，都是種不合理的過度期待。

王院長對我怎麼樣？與其回答個人的感受，還不如說說幾件事。

某一次追蹤回診，已經快叫到我的號碼了，婦科的長廊推進來一台輪椅，即便戴著口罩，還是可以聞到輪椅上病患的味道，那是混和了身體和衣物長時未洗的味道，或許還有「病」的氣息。

當下我告訴自己，**即使戴著口罩和眼鏡，眉眼額頭乃至肢體語言，都會洩漏心意，絕對不能有所異動，就算是悲憫都不可以**，因為診間內外，所有病患此刻都是脆弱的。

才這樣叮囑好自己，看診號已經亮起我的號碼，於是已經做好體內超音波的我，先進入診間，再依指示，按照慣例進內診室，上內診台做準備。

慕院長之名而來的病患向來多，但他從來不設限，所以只要他看診的日子，東馬整個婦科的診間，向來開兩個內診室供他精簡時間的運用。

躺在內診台上的我聽到院長從左側內診間回到看診的診間，深吸一口氣，就等著接下來的檢查了。

「院長，這邊的內診準備好了。」是跟診的護理師之一說。

「外面是不是有一位急診的病人？」院長問道。

「是，但是輪椅太大，推不進來。先看這位內診的——」

絕對不誇張，我已經聽到他往這邊走的腳步聲，但才兩步就停住。「讓她再等一下，我先出去看那位病人。」

我就這樣蓋著薄被躺著，腦中很無厘頭地想起金曲歌王王俊傑的新歌：《下面涼涼》。

涼涼一陣子後，我聽見腳步聲回到診間，也聽到院長一路進到內診間的低語叮嚀：「我們科不是有最新的輪椅嗎？那個比較窄，推得進診間，這樣就不用讓病人在外面看診，請他們送到公用處，讓病人可以使用……」

王院長人怎麼樣？

側面觀察的，永遠比聽說來的更真實，不是嗎？

＊　＊　＊　＊

妳先打我的名字上網，三十分鐘後，再決定要不要離開

如同我第一次以廣播節目主持人，而非病患身分去與他見面時，私下的聊天。

「為什麼院長當時會問我想要何時動手術？已經確定是惡性腫瘤了，難道不是就直接排時間嗎？」

「病人有自主權，而且大部分的人都會想要尋求第二意見。」

「其實一確診，我就沒有動過尋求第二意見的念頭，只想要趕快處理。有在您們醫院上班的朋友說，之前我們自己或者家人罹患婦癌的，我們都會上去總院找婦科主任王功亮，因為我們知道他就是權威。我的保險經紀人說，罹癌當然是打擊，但權威就在台東，這是多麼幸運的地方？之前我也聽過朋友特地要她的妹妹從台中過來，請您幫忙動摘除子宮肌瘤的手術。甚至聽說有台東病友到高雄去求醫，那位醫生拿起病例一看，就問：『妳是台東人？**幫妳診斷出來的醫生是我的老師，妳為什麼不留在台東就好？**還要舟車勞頓的過來找我這個學生？』」

院長聽到最後一個例子，忍不住笑了起來。「其實我都可以理解的。

我來了以後，雖然越來越多的病人選擇留在台東治療，但一開始也不是如此。」

提到剛到台東的「一開始」，連我都好奇。「院長是婦科的權威，全國百大名醫，但畢竟初來乍到，剛開始，會不會有人數反差的沮喪？當然對我們來講，心情又是反過來的，我們會覺得好不容易來了一位權威醫生，如果外地過來求醫的人變多了，會不會反過來擠壓到我們？台東本身的需求會不會反而排不到您的看診跟手術的時間？」

「**我們身為醫生，其實真正希望的是健康的人越多越好**。至於妳說的擠壓到台東本身需求的現象，這個應該不會啦。因為我在台北當主任的時候，面對的是全台灣介紹過來的病人，所以確實很多人會特地到台北去找我。來台東，還是有一些病人會來，願意來台東找我，但那個量還是無法跟我在台北比，比起來是差很多的，所以沒有那麼嚴重，只要來掛號，應該都排得到。」

院長客氣，其實做過功課的我，當然知道那和他至今依然不限制掛號人數有關。

「妳剛才提到高雄有我的學生，其實幾乎全台灣很多都是我訓練過的醫生，而且都是考專業科別的，因為我就是考官。倒是剛來時，有個案例讓我印象深刻。因為一來畢竟台東本身的病人的量就那麼多，加上很多的病人剛開始並不了解，也不認識我，我也不好意思說自己怎麼樣，我們醫生不可以做廣告的。假設說好了，就有這樣一個病人，我說這個要處理，她的女兒馬上說要copy（拷貝）病歷，可能要到哪裏去，我不知道，但是我想了一下，就告訴她，有件事情很簡單，妳會不會上網？那個女兒說：『我都會。』我說好，**那妳先到外面，打我的名字上網，三十分鐘以後，妳再決定要不要離開這裏**？結果還不到三十分鐘，她就敲門進來說，院長，我們要留在這裏，請你幫忙。」

我看得出來他很開心，也知道如果結果不同，相信院長也能處之泰然。

「現在大概偶然還是會有一、兩個決定到台東以外的醫院去，但是這一、兩個，並不是不清楚我們處理婦癌的能力和現況，而是他們的家屬住在外地。我們台東現在比較麻煩的是，很多的家屬、年輕的兒女都不是在台東，一個老年人要開刀，到他們工作的那邊去，他們才有辦法照顧，像這種的，我就說好，我就介紹你去，對不對？但也有很多手術之後，或者無法手術的，要電療化療的，對方還是會請他們找王院長，因為二〇〇八年我當選台灣婦癌醫學會第六屆理事長，以及中華民國婦癌醫學會第八屆理事長，業界都清楚，我們也要讓民眾有時間去口耳相傳，去了解。」

＊＊＊＊

橫的被推進急診室，然後得到治療，直的走出去

而為那天的訪談畫上句點，最有趣的一段對話是：「我那天遇到一位部落牧師，他對我鞠躬致謝，我問他為什麼？他說：『院長啊，我是轉達我們部落人的心聲，他們說以前來馬偕，大家都說不要去啦，會直的進去，橫的出來。現在不一樣囉，**現在都是躺在病床上，從救護車橫的被推進急診室來，然後可以得到治療，直的走出去。**』」

我聽了忍不住笑道：「院長，這才是我沒有寫在訪綱中，幾乎是所有台東人心中最尖銳的問題啊！」

「王院長對妳怎麼樣？」

或者：「妳覺得王院長人怎麼樣？」

甚或是：「王院長與台東馬偕對台東人有著什意義？」

這是我，一個還在為五年存活率努力，身在追蹤期內的台東癌友，從二〇一九年底開始想要為王功亮院長、為台東馬偕、為台東人紀錄的書。

請您一起踏上這一段旅程，來聽聽我們台東人的故事吧。

對，就像漸漸的我們講話停頓時，大部分的人都會知道後面可能有個「但是」一樣，人生就是會有這些轉折點：「然後」、「可是」、「不料」、「直到」……

〈第1章〉

從被派駐台東馬偕回憶兒時

「院長，您是哪裏人？」

突然面對這個問題，我有點詫異，原本以為我們是要談東馬的歷史、東馬的願景，那就是要談東馬的未來、現在和過去，怎麼話題會到我的身上來？

而有那麼一剎那，我幾乎要脫口而出：「我是台東馬偕醫院院長王功亮，我是台東人。」

＊＊＊＊

我出生於中正紀念堂附近的矮屋子

畢竟，當初總院長徵詢我過來台東的可能性時，我就說如果要我去台東，那麼我就真的是要來做事，不是來作秀，甚至不是來「過水」的，我要改變外界對東馬的印象，尤其要改變台東人對東馬的印象，要讓台東人敢對台東馬偕有期待、有盼望、有信心。

容易嗎？

不用我說，相信百分之七十、甚至是百分之八十以上的台東人都會說，豈止是不容易，根本就是件困難的事情。

但回顧來時路，好像是越困難的事情，對我越有吸引力，從小就是如此。

「我是台北人。」

一個問題，就把我帶回來小時候。

誠如齊萱聽到時的立即反應：「台北？您是台北人？感覺現在在台北，土生土長的台北人已經不多。」

是，我是台北人，土生土長的台北人。

不過我絕對不是大家以為的醫生世家，或至少家庭經濟不錯，讓我可以一路從小到大往擔任醫生的路途前進。

完全不是如此。我的出身極為平凡，甚至是在窮困邊緣的。

從我出生於現在中正紀念堂附近的矮屋子，就可以知道家裏大約的環境。很多人聽到中正紀念堂附近，都會說：啊！那是台北高檔地段，是精華區。心中大概馬上就聯想我的家世必然顯赫。

其實那是時空錯置的聯想，現在當然是精華區，可是在我小時候的民國四、五〇年代，沒有中正紀念堂，只有陸軍總司令部、聯勤總司令部與憲兵司令部。父親與母親結婚，開了一家米店，不是雜貨店，就是賣米的小店鋪。

母親的娘家就在附近，她又是長女，除了操持家務，照顧孩子，還要幫忙米店生意，所以外婆不是過來幫忙，就是我們過去外公外婆家。尤其在母親必須為三弟奔波求醫後，外婆更成為守護我們的慈愛港灣。

米店雖然是小本經營，卻是我們全家的營生。當時可不像現在的便利超商，買米買油買鹽買糖，全部都到店裡來選購，而是有大部分的買家是「用叫的」。於是下課以後，要是有人叫米，爸媽忙不過來時，身為三兄弟中老大的我，就會自然而然地擔負起送米的任務。

「阿亮，送兩斤白米到陳伯伯家去。」

往往回到家中，書包才放下，甚至還來不及放下，就會接到派令，馬上出發，像如今的快遞一樣，家庭經濟不是很好，就是當時處處可見自力更生的小家庭，更需要一家大小齊心合力，維持著這家小店。

＊　＊　＊　＊

直到……

環境好不好？坦白講，只要穩定，對於小孩的影響就不會太大，而且我有外公外婆家可以去，阿姨舅舅都疼愛，台語說得溜，五歲半至六歲前的童年，可以說是孩童不知憂的。

直到……

對，就像漸漸的我們講話停頓時，大部分的人都會知道後面可能有個「但是」一樣，人生就是會有這些轉折點：「然後」、「可是」、「不料」、「直到」……

直到，三弟報到。

這肯定是再普通不過的「然後」。

那個時代，正是鼓勵生產報國的時代，包括生養小孩，子孫滿堂一向是福氣的指標，儘管我們是個連小康都算不上的小家庭，開枝散葉仍是讓家父開懷的發展，我沒有機會知道他和母親是不是重男輕女心的傳統父母，因為母親已經連生了兩名男孩，在我不到六歲時，又為這個家庭添了男丁，這樣的人生，對於父母，乃至於母系一族，不可不謂一種滿足和告慰。

不料，是的，就是這個「不料」；小弟卻沒有倖免於當時大流行的小兒麻痺症。

即便不是斷層，那也是一個分水嶺，一個對仍在風華正盛的母親而言，劃開尋常的相夫教子與跟天爭子的分水嶺；從此，父親與她，尤其是她，再沒有一天不把么兒擔在心上。

那是民國四〇及五〇年代大流行的疾病，我是民國四十二年生的，但我自己班上就有罹患小兒麻痺症的同學。

當時的環境，衛生條件和醫療資源當然不同於今時今日，大小感冒都算平常，比較特殊的小兒疾病一流行，比如說小兒麻痺，一旦流行，感染了，一陣子時間過去，不要說整個社區，光是我們那個巷子裏面就會有很多孩子留下了無法逆轉的後遺症。

我三弟生於民國四十八年，對照於五十二年次的齊萱，跟我說她記得班上也有一、兩位因罹患小兒麻痺症而必須靠鐵架支柱上學的同學，就知道四十八年還算是流行的高峰期。

小弟先是高燒不退，六歲的我，就是看到母親帶著他到處求醫，燒了又退、退了又燒，後來我知道，**那在燒燒退退當中煎熬的，不只是弟弟的身體，還有母親和外婆的心。**

就是這個只有幾個月大的小弟，讓我首度接觸到「馬偕」，因為一度媽媽日日帶著他上馬偕醫院，之後的復健和裝置輔具，則是到當時蔣宋美齡夫人創立的振興醫院。

就像現在我負責照顧的病友，除非親身罹患癌症，甚至是親身罹癌，對於自己的疾病和身體也不是全然了解的，更何況是家屬，尤其是當時只有六歲的我。所以齊萱以為小兒麻痺症只會造成不良於行的錯誤觀念，我一點兒也不驚訝。

印象最深的，還是母親悉心照顧小弟的身影，儘管疲憊，卻永不言倦。曾經一度，父親捨不得妻兒受苦，在最危急、連醫院都沒有把握的時刻，都忍痛表示願意放棄了，但惟獨母親非常堅持，不到絕望關頭，絕對不輕易放棄。

＊ ＊ ＊ ＊

He Ain't Heavy, He's My Brother

就這樣，弟弟活下來了，但手腳都留下來這種病的重症痕跡。我們一起走路上學，就算有輔具的幫忙，他還是走得很慢、很慢的，我會耐心等他。到了學校，那時我們就讀的東門國小，可不像是現在的學校動輒就有電梯可搭，有無障礙空間設備等，我就揹他上樓。

除了外婆和媽媽都交代：「**你是大哥**，你要照顧他。」之外，更因**為他就是我弟弟啊**！不是有首知名的西洋歌曲說《He Ain't Heavy, He's My Brother》嗎？

所以一直到今天，他還是我照顧著的小弟。

齊萱問我，因為小弟的關係，我和大弟有沒有比較受到忽略的感覺嗎？

我想了想，答案是沒有。真的沒有。**唯一的感覺，還是覺得媽媽最辛苦，對兒子的牽掛，真的是一輩子的事**，帶著他到處去求醫，有時我也會跟著去幫忙，看著他做鐵架，然後接受訓練，怎麼使用枴杖走路等等。

就因為媽媽等於多花心力照顧他，所以真的很辛苦。

東門國小畢業後，我們那時候上初中是要考的，我就考上那一區最好的大安初中。我小弟頭腦也不差，有功課上的問題，我也會幫忙。這從我後來讀建國中學，小弟上的也是建中（當時還有的夜間部），即可見一斑。

現在回想，這一切都是上帝的恩典，特別是我覺得讀書並不難這件事，可是當時年紀小，又還不是基督徒，只覺得自己頭腦不錯，不太需要讀書，成績也很好，很喜歡考試。

從小我好幾個阿姨就覺得功亮很愛寫功課，也很能讀書。

我也確實是如此，每天的功課我都很快寫完，就是喜歡解題，寫完一本，再買一本來寫，當時阿姨們就說，從這看出這個小孩這麼愛讀書，應該不太一樣。

小學、初中，我讀書完全沒有卡住的感覺，不但是一件很 easy 的事，甚至是 enjoy 的，很享受，不困難，別人不喜歡考試，但我喜歡考試，覺得考試很輕鬆，而且考試可以看出自己的厲害，有時還會覺得這麼簡單，想要挑戰更難的題目。

現在回頭去看，還真是赧然，初中和小學成績好，只表示我腦袋好，**而這是上帝給的恩典，祂給每一個人的特質都不一樣，每個人都有他應該做的角色，所以沒有高低好壞，更不是黑白對錯，就算我分配到的，**不是所謂人生勝利組的角色，（話說回來，真的有什麼勝利失敗的分別嗎？）

只要有機會，都是上帝在我們身上做功，要我們用各自的能力去幫助人家。

＊＊＊＊

當時還不懂，這種不忍之心，就是愛心的起源

因為我過去不是基督徒，身為基督徒後，就慢慢感受比較深入到很多東西，尤其是小學教育，大部分都是通才，所以高手和高手不會碰到一塊，考上初中後，就比較有體會，因為有志願排名先篩選過了，高手開始聚集，互相的刺激變大，**有了競爭，就是一種幫助，幫助我認識到自己不是最強的**，考試前幾乎不用讀書都可以拿高分，在那個環境裏，開始有了轉變。

到了建中更不用講，這所就在我家附近的高中，聚集的已經不只是我家學區內的學生，甚至不只是台北的孩子，而是來自全國各地的菁英，幾乎都是高手中的高手，讓我深刻體驗到一件事情，就是說我雖然很厲害，可是還是有人更厲害，很奇怪，好像都不用念書，每科一樣考高分，那真的是智商不一樣的。

我開始感受到說，欸，忽然間發現，讀了半天，還是有瓶頸，人家很輕鬆，你就會逼自己面對問題，克服競爭的挑戰。

最後說到選擇考醫學院。

齊萱問我弟弟是不是最主要的關鍵？還是依循著成績，因為當時選丙組，前幾個志願當然都是各個學校的醫學院。

我仔細地想了想，看著媽媽揹著弟弟到處求醫，我們有時也要跟著幫忙、跟著去，過程看在眼裏，記在心裏，有沒有關係？有沒有影響？

當然有，可是卻不是唯一的理由。改善家庭環境，翻轉經濟條件毋寧才是當時更現實的目標。因為家裏僅僅是溫飽沒問題，後來小弟更需要好的照顧，**從小就會覺得說，要改善這個家庭環境，需要靠教育翻身**。

除了家庭環境，還有整條巷子，整個社區。光是我們住的巷子內，很多只讀到小學，也許是家裏供不起，也許是考不上初中，那小小年紀就要就業。好的就是貼補家用，但也有走偏的。我爸爸看多了這種事情，就管我們管得很嚴格。

另外一個說來比較輕鬆逗趣的連結，是我的四姨父。

我的四姨父是醫生，現在我會開玩笑說可能是因為四阿姨是媽媽姊妹中最漂亮的。家族中有位醫生，他又看到我成績不錯，當然會鼓勵，時常影響到我，加上我一心想著，一定要好好念書來改變環境，所以好像也就順理成章了。

其實後來回頭看，特別是成為基督徒之後，回想起來自己幼時實在是太無知。自以為是地認為一切都是自己的頭腦非常好，不太需要讀，成績也很好，總覺得說自己很行，但這都是上帝的恩典啊。

是上帝透過我來服務，要我幫助別人，不是說要我賺大錢。任何行業都是如此，沒有好壞高低上下之分，這不是是非題，而是選擇題，是上帝給我頭腦，繼而給我對愛心有感。

這些人生的領悟，有能付出的力量，讓我深刻感受到上帝的恩典在裏面。在真正習醫、行醫之前，祂就給了我兩個啟示，一個就是我小弟，從小，我看到我小弟罹患小兒麻痺的時候，媽媽帶著他四處求醫，我自然而然會關心，從小就覺得生病的人，真的很可憐，揹他上樓進教室，是實實在在的責任，看到媽媽辛苦，內心就會有一種衝擊，**當時還不懂，這種不忍之心，就是愛心的起源。**

再來是我就讀醫學院期間，摯愛的外婆得了卵巢癌，潛移默化的愛在

2

1

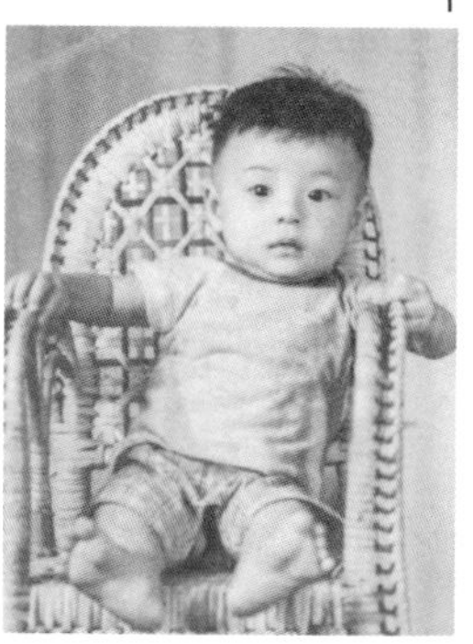

3

1. 王功亮幼兒時可愛的萌樣。
2. 父母親結婚十週年拍攝的全家福（中為王功亮）。
3. 念建國中學時期，和同學大口吃西瓜（左一為王功亮）的青春笑容。

萌芽以後，終於不斷的開枝散葉，讓我確立了人生的方向。

未來尚待計畫，不過回頭看過往，每一年、每一天，好像總會有著一些共同的記憶，以及還不識彼此時的交錯。

話說台東馬偕簡史

創立初期的台東馬偕，並沒有帶給我太深的印象，就算跟許多家庭一樣，或許抽屜裏、皮包裏會有一張掛號病歷卡；就算在勞保、健保制度建立後，開始有了拿長期處方箋的習慣，但是隨著看診醫生的自立開業，這張卡也就被拿出皮夾，收進了抽屜的末端底部……

和王功亮院長一樣，我也在台北出生，只是相隔十年，而且我在四歲那年即與母親回到人人稱為「後山」的台東。

＊＊＊＊

只要急症重症，台東人還是想方設法往外求醫

關於台東醫療，我兒時的接觸就是每逢感冒發燒，就到「胡小兒科」或者「教正」去打針拿藥。

在民國六〇年代就讀小學時，班上就有因罹患小兒麻痺而柱著鐵杖上學的同學，每天早上，身為班長的我還要偕同副班長去衛生室領一個個小

鐵盒，回教室幫有砂眼的同學上藥膏。

牛痘是人人身上都有的，最痛的預防針是一樣會留下小小疤痕，預防結核病的卡介苗，而當年讓家長聞之色變的還有日本腦炎（註）。至今仍記得同庄同齡同校隔壁班的男孩因日本腦炎過世時，他母親的哀號。

也就難怪同時間發起高燒的我，曾讓家人擔足了心事，以為也是同樣的病症，「所幸」後來確定「只是」肺炎，但也夠嗆的了。除了日日不斷的到胡小兒科去打針退燒外，每天晚上都會被叫起來喝外公接瓶承接，據說可以降火的竹子水。足足一個禮拜，大概是我求學階段請最長假的一段時間了。

那時的台東，有沒有大型醫院？即便只是比一般診所稍微大一點的醫院？

應該是有，目前的衛生福利部台東醫院和台東基督教醫院，增建或者創立較大規模，都是在一九六〇年代。

可是長期以來，只要急症重症，台東人還是想方設法的往外求醫，那種無奈和無助，深深烙印在我的心中。

註：一九六七年開始，台灣血清疫苗研究製造所自行生產日本腦炎減毒疫苗，一九六八年開始全面接種日本腦炎疫苗（需接種四劑），一直到二〇一七年五月二十二日起，改採用細胞培養之日本腦炎活性減毒疫苗，只需接種兩劑。近十年來，台灣每年確定病數已控制在十至四十例之間。

* * * *

「一手聖經，一手鉗」，「拔牙傳教醫生」——馬偕博士

其實今日回看，一九八二年因看見東部地區醫療缺乏，馬偕醫院即連續兩年派醫師支援蘭嶼衛生所，開始踏入參與台東縣基層醫療的第一步，並於一九八三年至一九八五年間，在成功鎮衛生所、太麻里鄉衛生所、富里鄉衛生所開辦群體醫療執業中心，一九八四年與時稱台東省立醫院的「部東」實施醫療合作計畫。

遙想一八七二年，還不到三十歲的馬偕博士，是加拿大長老教會的宣教師，受教會遣派來台灣宣教，名 George Leslie Mackay，漢名「偕叡理」。宣教期間，陸續在淡水設立偕醫館、牛津學堂和女學館，長期進行傳教、教育及醫療工作，足跡遍佈台灣北部和宜蘭、花蓮等地。

在巡迴傳教時，會在當地尋找空地，先唱聖歌再替民眾免費施藥治病，通常患者們是站著拔牙，拔完的牙齒將歸還給患者。當所有患者治療完畢後，馬偕會繼續佈道演說。拔牙的工具，最先是委託本地鐵匠按

造需求製作，之後回加拿大述職途經紐約才買了一套拔牙工具。

儘管後來有人會暱稱馬偕為「拔牙傳教醫生」，頗接地氣，但幫民眾拔牙的醫療服務獲得好評，也降低了本地人對於基督教的歧視與對立，而能以較友善的態度去看待基督教，卻是不爭的事實。

這也是許多具備醫護專業的外國傳教士初到台灣，以醫療傳道之精神，展開身心醫治及傳福音事工的模式。

我覺得比較特殊的，是知道馬偕博士「偕叡理」這個漢名的人數，遠遠少於直接稱呼他姓氏「馬偕」，包括我自己在內。

或許「一手聖經，一手鉗」這個畫面太鮮明了，大家可能也淡忘了他平常還是會在一八七九年創建於淡水，堪稱台灣北部第一所西醫院的「偕醫館」內為病患診治疾病，之外又馬不停蹄地遍行北台灣。

在台三十年間，馬偕博士為病患拔牙達二萬顆以上，留下的佳美足**跡，是馬偕醫院推展醫療傳道事工的最佳典範，「偕醫館」也成為馬偕**醫院的前身。

這個典範如同一顆種子，在百年後牽繫起與東部地區密不可分的因緣。

＊＊＊＊

一九八七年 馬偕紀念醫院在鯉魚山下分院落成

一九八五年，是我大學畢業，從台南回到台東的那一年，也是每個月馬偕有十位年輕醫師同時在花、東兩縣服務的同一年。同時期花蓮有慈濟積極籌設醫院中，高雄則已設置長庚醫院，到這兩個縣，雖然都要花上三到四個小時的路程，卻還是台東人即非重病，但急病時一定會考慮奔波求醫的所在，台東未有大型醫院願意進駐的情況，讓馬偕總院深深體會台東地區醫療的需要。

「哪裏有需要，就到那裏去。」始終是長老教會體系的馬偕醫院，秉持基督精神的信念。

於是一九八五年十二月十四日馬偕紀念醫院，在吳再成院長及地方主管官署、教界牧長、社會熱心人士積極奔走努力下，舉行破土典禮，施工一年半，於一九八七年八月十五日，在當時相較於市中心，仍算比較荒野的鯉魚山下設立分院，落地深根在台東，開始將台北的醫療技術及人才送到全台最偏遠的角落。

設立之後，醫院本身有感台東地緣的特殊性，聯外交通非常不便，努力扮演著**台東地區唯一區域教學醫院角色，成為科別最多、設備最佳的急重症醫療後送醫院**，守護著台東地區民眾的健康與生命。

這是醫院的使命感，除此之外，並承辦區域性醫療計畫。對於後山台東醫療人才的培育更自許肩負著教育的搖籃，定期舉辦醫療講座、辦理大型研討會，邀請各領域權威專家至台東教學；也透過刊物的出版等方式，提供在地醫師、醫療從業人員最新的新知，讓醫療專業與日俱進，並回饋在台東居民健康照護。

然而就像所有的施受關係一樣，**施者的自我期許和努力的目標，受者必然不是百分之百的同步，甚至連感受都有相當大的落差。**

莫說當時才自大學畢業的我，覺得自己還用不到、也希望不必用到大家口中簡稱為「大醫院」的東馬，就連有高血壓、糖尿病、心臟血管等慢性病宿疾的家人，在那還沒有健保的時代，也還是習慣三天兩頭的到熟悉的診所去拿一週週的藥。

創立初期的台東馬偕，並沒有帶給我太深的印象，就算和許多家庭一樣，或許抽屜裏、皮包裏會有一張掛號病歷卡；就算在勞保、健保制度建立後，開始有了拿長期處方箋的習慣，但是隨著看診醫生的自立開業，這張卡也就被拿出皮夾，收進了抽屜的末端底部，然後一提到醫療話題，就是負面傳聞多，正面口碑少的無數個「聽說」。

台東人需不需要醫療？需不需要台東馬偕？當然需要；可是台東人信不信任台東馬偕？顯然還有很長的路要走。

〈第2章〉

刁難艱辛
練膽識的習醫之路

讀原文書的時候，老師就是不和你客氣了，絕對不會讓我們的日子太舒服，沒有中文翻譯，就是直接背，不要說英文了，就是再難的拉丁文也要背得滾瓜爛熟。

有一件事，是我開始教學之後，就從來沒有停止告訴過學生的，幾乎成了我開宗明義的第一章，而且是在面對新生時，一定再三強調。

當然，在我開始讀醫學院時，也沒有這樣的觀念，是隨著歲月的累積，經驗的增長，生命的感受，尤其是宗教的啟發，才形成了這個已經根深蒂固的想法，甚至是信念。

那就是：**如果想賺錢，就不要當醫生，不要讀醫學院**。

這麼說，好像跟我讀醫學院的主要原因之一：改變家庭的經濟自相矛盾，難道我是在唱高調，或者自打嘴巴嗎？

當然不是。

＊＊＊＊

沒有愛心，不是當不了醫生，而是會讓自己加倍的辛苦

都說人生苦短，不過在少年十八二十時，人生往前看，是長的。當時的我，當然也沒有這樣的概念。

考進高雄醫學院，課業是繁重的，每天只想著要把書念好，一直往前奔去。要到自己從醫了，教學了，面對一張張如同我當年那樣年輕的面龐，才會想要跟他們說我最實在的心裏話。不算是什麼忠告，也稱不上是什麼高深的至理名言，純粹是我個人的經驗分享。

依照我個人的想法，尤其在成為基督徒之後，**當醫生首要的，是愛心，一定要有對病人的愛心**。如果沒有愛心在裏頭，只想著要賺錢，其實別說是後來行醫會覺得痛苦，連學醫都是辛苦的。

為什麼？因為能夠考上醫學院，頭腦肯定都不差，這樣的腦袋，老實講，想賺錢的話，一定可以賺到錢，而且有太多比當醫生更適合的職業，有太多比學醫更輕鬆的選擇，**每一位醫生的養成過程是嚴格到近乎嚴苛的，我個人認為其實醫生是很辛苦的行業**，在這行業裏，一定要有照顧病患的愛心，沒有愛心，不是當不了醫生，而是會讓自己加倍的辛苦。

我自己讀醫學院，即便從小功課就好，但課業還是繁重的，記得當時我考上的高雄醫學院，本地的差不多是快一百人吧？當然總數不只一百人，還有名額要留給僑生和原住民同學。

雖然通過了聯考的考驗，但剛開始讀的時候，坦白講很辛苦，第一個辛苦是很多同學必須重修的微積分。對，大一的微積分。其實它算是數學，對台灣的同學來講，其實能考上醫學院，數學好不好，絕對是關鍵之一。醫學院的教授說白一點，可能有點刁難心理，當然也是求好心切。

你們都是全台灣的菁英，是不是？這樣的心態，那就不能考太簡單的，**這一次成績出來都很好是嗎？看起來是題目還不夠難，那就再來試試更難的吧**。所以考題都偏難，大家都讀得辛苦。

還有另一個重點是要讀原文書，而且我們有太多的醫學術語都是拉丁文，都要背，要背很多的東西。讀原文書的時候，老師就是不和你客氣了，絕對不會讓我們的日子太舒服，沒有中文翻譯，就是直接背，不要說英文了，就是再難的拉丁文也要背得滾瓜爛熟。

人體的各個部位、器官、血管、神經……全部都要熟記，要烙記在頭腦裏，教授提問的時候，要能反射性的答出來。當然，對我們醫學院的學生來說，或者非醫學系的同輩來說，最刺激和好奇的，應該就是術科的大體解剖科目了。

那是永遠都忘不掉的經驗，永遠。

＊＊＊＊

要尊重，畢竟有一年要在一起，而且要用到底

在我讀醫學院的那個時代，民風當然是比現在更保守，別說是現在推廣的一些放棄急救、病人自主法、器官捐贈移植等，願意捐出自己或者家人大體的少之又少，也因為如此，每一具大體都珍貴，不可能是有一人一位現在稱為「老師」的大體，都是一組一具。

那是大二下到大三上的課程，等於我們要跟這具大體整整相處一年。

老師一來就問：你們分組好了？那時全系我們同一年級不是大約一百個同學嗎？班上只有六個女生，而我們這一組就有兩個女生。

教授一組一組的依序點名。

點到我們，全員八人就一起進去。

「組長是誰？」

「我。」班上女同學本來就少，我們這一組就有兩位，更加特殊。

一開始上課，就是要把大體一個一個搬出來，放在實驗台上，然後還

要洗一洗大體，**要尊重，畢竟有一年要在一起，而且要用到底。**

「王功亮，好，你是組長，你去把你們組的大體撈出來。」

望著眼前近乎黑色的深褐色池子，壓力是鐵一般的事實，因為很少有人在大概二十出頭的時候，就要面對這種事情。

眼前的池子看起來黑嘛嘛的，泡在哪裏根本不知道，但我甚至連愣一下的機會和時間都沒有，就依照教授的指示動手，忍著刺鼻的味道，一心完成這件事。

大體在池中的哪個位置真的不曉得，會撈到哪一具也不知道，總之就是雙手伸進去，把「它」撈起來。

當我把大體撈上來，與「其」面對面，看到那張臉的瞬間，耳邊已經傳來同學往外狂奔的腳步聲，因為外頭有好幾棵樹，抱著樹幹就狂吐，就算之前就刻意不吃東西的，也會乾嘔，但這些都已經不是我當下的關注，**我仍正視著未來一年要相處的大體，知道自己已經通過最大的挑戰之一，之後害怕的事情又少一項了**，看著這張大體的臉，我就想說，我永遠都忘不掉，這一輩子我還能有什麼好怕的呢？

我知道很多人對於我們在二十出頭的年歲，就必須與大體至少朝夕相處一年有著莫大的好奇，甚至是靈異事件的想像。不過那實在都是過慮或者想多了。

人體是多麼奧秘的寶藏啊！**後來成為基督徒，我更加深信上帝的存在，我們醫生，是祂顯示大能的工具，**更加堅定了我學成之後，一定要好好為病人服務，照顧病人的決心。

每次下刀切開大體各部位，那些血管和神經，除了必須牢牢記住之外，更是讓我理解到何謂「精細」，如果沒有造物主，那這如同大自然界的種種，**光是一朵花的色彩，就會讓我的心更加謙卑與沉靜，那都是凡人之力無法成就的。**

回到現實中來的學習與操練，一開始，大家對於大體可能還有些畏懼，但是漸漸熟悉，而且要捉緊時間和機會學習，要把一個個器官拿出來再放回去，害不害怕先擱在一邊，什麼膽量訓練也都得先經過這一關再說。

考試很快就到，光是在宿舍或者圖書館讀教科書還是不夠的，想到隔天的轉檯考試方式，教授一指一問，就必須要像是反射性地把最細微的部位、最拗口的專業名詞答出來，準備得再充分都還是覺得不夠，想說這條神經是在這個位置嗎？有沒有記錯？

最好的辦法只有一個，就是到大體的身邊去實際印證，不然等到教授一問，不要說答錯，連回答得慢一點都來不及。

這麼一想，那裏還坐得住，就半夜過去，馬上往停放大體的解剖室衝去，心中模擬的畫面是等一下自己要怎麼沿途開燈進入……

結果！

還有一段距離呢！怎麼燈光那麼亮？簡直就是燈火通明，進去後即便氣氛緊張，還是幾乎忍不住嚇一跳。等於是開夜間備考班嘛，幾乎全班都到了，包括剛開始忍都忍不住嘔吐的那些同學。

四十幾年過去了，**那習醫的過程依然歷歷在目，提醒著我，尊稱這些大體為老師，實在是一點兒也不為過。**

當時的我們，還有實習醫生這個名詞。醫學院要讀七年，第五、六年是見習醫師，第七年是實習醫師，累積實務經驗，更重要的是決定自己未來要走的科別，還有準備接下來的醫師執照考試，如果一次考不過，那每年還有兩次的機會，以我們如此嚴格的訓練和準備，大部分都能通過考試，取得醫師執照。

＊＊＊＊

為了不再踩到舞伴的腳，我參加了土風舞社

但在校期間，除了功課之外，我另一項收穫，應該是社團的參與。

齊萱曾經形容說，她每次回診追蹤躺在內診檯上，**看著我進進出出的白袍翻飛，就會想到據說我的休閒活動之一是跳國標舞**。

其實最早也不是跳國標舞，我們那個時代，大學生開舞會還是個禁忌，會被捉的，怎麼可能一開始就去學跳國標舞？還有在建中畢業之前，我父親教育孩子非常嚴格，不只一次的講過他過去某位同事就因為愛跳舞，還虧了公款，所以對我們小時候的要求既高又嚴。我當然也不是因為考上了高雄醫學院，離開了台北，終於可以隨心所欲，也不是這樣。

不過齊萱其實也提到了一個重點，就是今天我會以國標舞來當作休閒活動，實則蘊含了運動在裏頭，**我們外科醫生平日手術繁忙，是非常耗費體力和腦力的工作，更需要有能夠抒發身心壓力的興趣**。

話說回來，一開始是無意中碰到的。

上大學前的暑假，應該算是我們的黃金暑假，很多人都會參加救國團的活動，我記得我參加的是中橫健行隊吧，最後一天在天祥，固定都會辦個晚會，大家跳跳土風舞。

對，就是很普通的土風舞，但即便是土風舞，我也沒有接觸過，很不會跳，同組的女生跳得很好，可是一直被我踩到腳，當時我可能還不太了解，只感受到她被踩到不開心，後來自己會跳了，才真正明白會跳的，真的不喜歡跟不會跳的跳，那很痛苦的。本來要好好的享受跳舞的樂趣，卻一直被踩到腳，當然不開心。

我一直踩到她，她一直被我踩，別說她肯定不高興了，自己都很不好意思。但我這個人就是這樣，很喜歡挑戰不會的事情，我還問她住哪裡？她說高雄，我說那好，妳給我電話，以後我念高醫，有機會一定再找她出來跳，保證不會再一直踩到她，而一直道歉了。

後來有沒有再找她，也都忘了，但那時候的心情一直留在心中，所以不但參加了學校的土風舞社社團，也成為救國團輔導員，甚至當上了土風舞社的社長。

我知道很多人會說，醫學院的學生忙課業都來不及了，怎麼還會有時間參加社團？但不是有更多的人說，社團才是大學的主要科系嗎？尤其在我們那個年代，考上大學大約只有百分之三十的機率，考上醫學院的比率之低，就更不用說了，之前的苦讀，在好不容易進入大學後，怎麼可能不拚命得學習，也拚命得玩？

當然也有人會說，醫學院終究是比較不同的科系，讀別的科系，三、四年後才來考慮未來的出路或者就業不晚，但進入醫學院，百分之九十以上，「醫師」兩個字已經直接烙印在身上，怎麼還會有餘裕？

我想重點在「學習」上吧。

我就是個熱愛學習的人，任何有興趣，而且學得來的事情，我都想學，所以為了不再踩到舞伴的腳，所以參加了土風舞社，而且在土風舞社裏，見識到一位學長不同於大家的舞姿。

土風舞不太注重舞姿，一百首舞曲有一百種不同的制式跳法，**但說也奇怪，同樣的舞步，他跳起來動作就是特別的好看**，舞步特別的輕盈，姿態手勢，以及與音樂間的配合，樣樣到位，讓人會自然而然地把眼光停留在他的身上。

好奇的事情，我就會想辦法搞清楚，從其他學姊口中，才知道這位學長對舞蹈有興趣，所以會把他學到的各式舞步和舞姿，比如說國標舞自然而然的融合進土風舞中，這應該就是我後來涉及國標舞領域的起點。

＊＊＊＊

說是騎虎難下都好，總之上了台，就得穩住場面

除了這項後來讓我能夠作為保持體力的休閒活動兼運動外，社團還帶給我什麼？

印象最深的應該是大四的時候，救國團在高雄澄清湖舉辦了一個大型活動，我是理所當然的工作人員之一，面對踴躍參加的人數也很興奮，想不到主辦人突然喊我的名字：「王功亮！」

「有！」我隨即應聲。

「上台。」

什麼？當下真的是愣住。

「上台講話帶活動。」

他說得輕鬆，我表面上也力持平靜，一上台，哇！那跟在台下完全是兩回事，密密麻麻，應該……至少在當時年少的我的眼中，看起來覺得說不定有一萬人在下面，而麥克風就在你的手上。

即便想逃，腳軟腳抖也跑不掉啊，**說是打鴨子上架，說是騎虎難下都好，總之上了台，就得穩住場面**，那一晚，真的是震撼教育，從此以後，再大型的活動我都不再害怕，等於訓練了我臨場應變和控制場面的能力。

或許這樣的類比有點奇怪，但是實在有點雷同我去撈大體的經驗，當與大體面對面時，就知道往後的學醫過程，不會再有讓我卻步的關卡了。

那一次帶完活動，等於是說，當你受過最震撼的東西，帶這麼大的營隊，臨時就叫你上去拿著麥克風，這樣的技巧一開始當然不熟練，**可是一個契機，那個 Moment（瞬間）沒有退縮，後來的日積月累，就會印證自己的實力**。

這個不但訓練了我在後來學生時代的班聯會，更後來的醫生時代的員工福利促進會都能勇於任事，正式一點的說，是擔任了三屆的馬偕紀念醫院職員福利促進會理事長，不但為全體員工謀求最大福利，同時也促進了院方與員工的和諧。我還發現這項訓練也成為在教學或與同仁開會時，觀察他們臨場反應的方式。

生活既然是多樣化的，為什麼不讓自己的學習更全面性一點呢？

當然，我們學醫的，一開始是什麼都要學，進入六、七年級後，那就要開始為將來的專業考量。

齊萱說她能碰上我是老天爺安排的緣分，而我要說，這一切都是上帝的恩典。這樣的緣分和恩典，其實早在從事醫職之初，甚至之前，就已經一步步地鋪陳。

1

〈王功亮代表〉
畢業生致惜別詞

董事長、各位董事、院長、各位師長、各位來賓、各位同學：

今天是我們高雄醫學院六十八學年度應屆畢業生三四〇位同學畢業典禮的日子，承蒙董事長、各位董事、院長及各位師長在這臨別的時候，又賜給我們懇切的教訓和鼓勵，以及各位來賓的光臨指導和祝福，我們覺得非常感激、非常光榮，我謹代表全體應屆畢業生向各位致上十二萬分的謝意。

從今天起，我們就要跨出校門，和培育我們多年的母校告別，和可敬的師長、可愛的同學分手，此時此刻真是百感交集，依依難捨之情油然而生；回想多年來，多少個美好的日子，我們在教室裏，聆聽師長們的教誨；多少風雨晨昏，我們在病床邊隨時隨地接受師長們的指導；如今，春風化雨，我們將成爲醫學界的一股新生力量，這種恩德，好比山一樣高，海一樣深，是我們一生所不能忘記的。

現在，我們將要畢業了，驪歌初唱，我們不能不跨出母校，我們不得不和師長們告別，我們將舉着鮮艷、明亮，而可以自傲的高醫旗幟，將信心十足地也是謹慎地踏進社會，來貢獻我們所學，期無負師長的叮嚀和殷望，因爲我們一日爲高醫人，終生將以高醫人爲榮，發揮高醫的精神，心中時時秉持着高醫院訓：「堅忍自強，勵學濟世」八個大字，隨時以「燃燒自己、照亮別人」的服務精神以及「犧牲享受、享受犧牲」的工作態度，去貢獻國家、服務社會，作第一流的醫學尖兵。

董事長、各位董事、院長、各位師長醫各位貴賓，天下無不散的筵席，在臨別的前夕，令我們不勝依依而感恩師難忘。但我們這群畢業的同學，都是懷着高醫的種子，抱着以濟人、濟世、服務、奉獻和犧牲的精神，在高山、在鄉村，甚至世界上任一角落，都將綻放着高醫的花朵和光輝！

敬愛的董事長、各位董事、院長、諸位師長、貴賓和父母親們，雖然我們有茁壯的自信，但究竟還是幼苗的一群，今後還盼請繼續施予教誨，培育和灌溉，就如同我們在校一樣，我們都將永遠懷念着您們、紀念着您們，並容許我們在這裡獻上永恆的祝福，說聲珍重再見！謝謝！

2

1. 高雄醫學院醫學系畢業典禮（由左至右：三姨父、父親、王功亮、母親、三姨）。

2. 高雄醫學院醫學系畢業典禮，代表畢業生致惜別詞。

台東馬偕給台東人的印象

俗諺都說了、聽了千百回，所謂「先生緣，主人福」，醫療本來就有極限，但是在急病或者重症之時，病人總是盼望會有快速的復原方式，甚或奇蹟出現。

「切片的結果已經出來，我的建議是盡快安排住院手術，盡快治療。」即便透過簾幕，即便醫師已經放輕話聲，我還是可以清楚得聽到他正在對前一個病人的解說。

這樣的對話，實在聽得我心頭一驚，因為是完全超乎我經驗之外的，我甚至有起身的衝動，想問跟診的護理師：「這好像太隱私了，我需不需要到外頭去等？可能比較好一些。」

但醫院長久的看診方式，還是讓我定在等候椅上不動。

我是來看例行的季節性過敏，很容易猜得到這位病人得的是哪個部位的惡性腫瘤，而且剛剛瞥見妳進入簾幕前的瞬間身影，年紀應該不大。

＊＊＊＊

可以讓我知道妳想要慢一點進入療程的理由嗎？

診間有片刻的沉靜，就好像連空氣都暫時凝滯不動了一樣。

「可以……慢一點嗎？給我一點時間安排。」病人的聲音中，當然有著一絲慌亂，但我又可以感覺到似乎不完全來自醫生給她的檢查報告結果。

「基本上，我們站在醫生的立場，當然是越快處理越好。」醫生的口氣還是一貫柔和的，想必對於處理這樣的情況，已經累積了不少經驗。「可以讓我知道妳想要慢一點進入療程的理由嗎？」

我心裏想著：是要詢問第二意見吧？或者像是被震撼彈打到，需要時間消化，總之，癌症不同於一般疾病，總是會讓人一下子就跌落深淵。或許她根本不想在台東治療，而是急著要回家去跟家人商量，看要到哪裏的哪一家更大的醫院去看看。

「因為現在我做的工，還沒結束。」

她給了一個我沒有想到的答案。而我想著如果我是醫師，一句：「是命重要，還是工作重要？」可能都已經到嘴邊，就要出口。

但是繼續出聲的還是病人。「醫生，我也知道應該要……」要怎麼樣？要「治療」，還是要「盡快治療」？她終究沒有說出口，說出來的是：「但是家中只有我一個人在賺錢，孩子還小，至少這一份工先做完，能不能先開藥給我吃就好？」

接下去醫生又說了什麼，我因為不忍，耳朵竟像自動關閉了一樣，模糊的印象似乎僅有她勉強答應了，但還是一再叮嚀要「盡快」接受治療。「不論妳最後決定在哪裏看，就是不要不看。」

醫護與病人及其家屬之間，有著一種微妙的關係，即便是感冒之類的平常小病，就某個角度而言，都是重大的交託與信任。

病好了，恢復健康了，醫生在病人眼中簡直近乎神，獲得的認同是最大的成就，如若不然，便成為雲泥之分，或口出惡言，四處傳播「聽說」，或演變成更複雜的醫病糾紛，病人不甘，醫護受挫，嚴重得打擊彼此身心。

＊＊＊＊

懷抱守護台東民眾的使命，以不誇耀的感恩回饋為動力

儘管在一九八七年八月十五日舉行台東分院開幕奉獻典禮，初期核准床數三百八十八床，電腦作業同步啟用，當日下午急診室率先展開作業設立之時，台東人就已經知道台東馬偕算是台東地區最大的醫院，門診量並在一九九四年首次單日破千人次，歷任院長各具專長，各擅其力。

而且有感於台東民眾對於急重症醫療的迫切需求，原醫療大樓已不敷使用，不論在空間、設備及技術都需再提昇。所以自二〇一一年對外提出要蓋二期醫療大樓的夢想，歷經三年的募款及籌建，獲得各界熱烈響應支持，終於在二〇一四年五月落成啟用，目標當然是要提供台東病患更好的治療環境及醫療品質。

但是，對了，永遠有「但是」。

俗諺都說了、聽了千百回，所謂「先生緣，主人福」，醫療本來就有極限，但是在急病或者重症之時，病人總是盼望會有快速的復原方式，

甚或奇蹟出現。

而且人心奇妙，往往會忘了受人幫助的千百回，卻忘不掉沒有得到幫助，或者幫助沒有成果的那一回。

這是民眾方的「但是」，不過台東馬偕方的「但是」，卻是懷抱著守護台東民眾的使命，以不誇耀的感恩回饋為動力，就像在未實施健保前，馬偕山地巡迴醫療服務隊即在台東縣各偏遠鄉鎮，持續了七年免費的義診服務；往包括雖處離島的蘭嶼、綠島鄉民在內，所有台東民眾都可以得到最好的健康照護的目標，繼續前進。

1

2

3

4

5

1. 第一任院長楊東傑。
（1986/10/17 ～ 1989/6/30）
2. 黃文鉅（左）接任第二任院長。
（1989/7/1 ～ 1991/6/30）
3. 許日章（左）接任第三任院長。
（1991/7/1 ～ 1995/12/31）
4. 第四、五任院長魏志濤（右）。
（1996/1/1 ～ 2002/4/30）
5. 張冠宇（左）接任第六、七、八任院長。
（2002/5/1 ～ 2014/4/30）

〈第3章〉

從醫與選科初衷

外科不一樣，當病人來到外科時，幾乎都已經確定病灶，問題明確，而且需要馬上解決，進手術房開刀直接面對，切除、修補、縫合。病人或許還需要休養復原，但能夠確定的是，最大的問題已經排除，我喜歡開刀見真章，開下去，攤開來，完全騙不了人……

「恭喜、恭喜。」

發生什麼好事，可以聽到這句話？

金榜題名、成家立業、高中樂透……都是；但也都不是我要說的答案。

「歡迎再來。」

對方離開什麼地方時，可以說這句話？

親友家門、旅宿飯店、高級餐館……都是；但也都不是我要說的答案。

或許，我應該把問題說得更明確一點：在醫院，什麼時候、什麼地方，**可以讓就醫的民眾、家屬和醫護人員聽到及說出這兩句話？**

＊＊＊＊

再走出來時，我就確定自己要走外科路線

這回，我相信大家都可以答得出來，而且答得正確了。

是的，就是婦產科。

齊萱問我：「院長，您當初為什麼會選擇婦產科？還是我應該要請教，

您當初為什麼會選擇外科？」

我是阿嬤，其實也就是外婆帶大的孩子，習醫之後，不敢浮誇的說就是要救人，但當然要懸壺，**人生時時刻刻都充滿了選擇，小至每天三餐要吃什麼，大至重要階段的轉折。**

選擇科別，自然歸類為重要階段。

面對這個提問，在把我帶回到選擇科別之前，搶先一步浮現的，是我阿嬤的臉龐。

阿嬤在我還在習醫就學的時候，罹患了卵巢癌。這跟我後來的選擇有沒有關係呢？就算不是主要而唯一的原因，至少起了相當重要的影響。

內外兒婦，是醫界的四大科。剛入學時，每天忙著學習，或許還想不到這些，但隨著一年級、二年級的晉升，除非是不想留在醫學院的人，否則都會開始思考未來的方向。

內科？還是外科？外人可能會以最粗淺的動不動刀來區分這兩者，當然我們身在其中，有更多的認識和考量，不過對我而言，與其用「執不執刀」來分別內外科，還不如以我自己的個性來選擇。

我那時候就想過、就了解我比較喜歡走外科系統，但與「喜好」一樣

重要，甚至是更重要的，是能不能夠？而我知道自己是可以的。

所謂可以，大家可能會認為是能不能見血？受不受得了血腥味？其實除非是非常特殊的情況，否則手術這件事就跟與大體相處學習一樣，是可以克服最初的不適，漸漸習慣的。另外還有一項，就是體力。

從前哪有什麼內視鏡和可以坐下來的達文西，動手術是需要體力的，不只是病患，更是醫護所需，能不能連續站上好幾個小時，甚至是十個小時以上，手還能穩，腦袋還能清楚，雙眼還能夠精準，靠的都是體力。當然，**終究會不會走上外科之道，還是志向。**

幾乎是第一次進開刀房，跟在教授身旁觀察與學習，再走出來時，我就確定自己要走外科路線。

我覺得這和我喜歡在最短時間內解決問題，明快決斷有絕對性的關聯。

＊ ＊ ＊ ＊

我喜歡開刀見真章，開下去，攤開來，完全騙不了人

內科重不重要？當然重要，內科醫生的養成，需要耐性、需要思考、需要推斷、需要病患的配合；這些任何醫生也都需要，可是內科要花的時間更多，而且要更會引導病人敘述病情，才能夠對症下藥。

有句台語是病人最常說的，「先生緣，主人福。」**其實我身為醫生，我也覺得人跟人之間真的講緣分。**尤其是內科，先看門診，讓醫生診斷，而有的醫生在表達上就是比較差一點，有的表達就比較好一點，**問的方式和頻率真的對上了，就是雙方的緣分。**

醫療不斷進步，新藥不斷出現，各式慢性病能否找到最適合病人的藥品，一開始都要不斷的嘗試。要分析說明，甚至還要猜測。病人可以不耐煩，醫生卻不行，這就是我現在說，從醫一定要有愛心，否則光是治療一般慢性病，就會耗損精氣元力和熱情。

外科不一樣，當病人來到外科時，幾乎都已經確定病灶，問題明確，而且需要馬上解決，進手術房開刀直接面對，切除、修補、縫合。病人或許還需要休養復原，但能夠確定的是，最大的問題已經排除，我喜歡開刀

見真章，開下去，攤開來，完全騙不了人，這種進開刀房，專注解決問題，**走出來輕鬆一大半的感覺，只有外科醫生自己才能夠深刻的體會到。**

我們真心關懷病人，然後病人經由手術，已經好了一大半，內心自然湧現的成就感，是我知道自己適合外科的主因。

* * * *

有兩個不一定都是老人的科，也是我不會選擇的

實習期間，每一科都要去，接觸到的，大多是老弱殘病，對醫學院學生而言是一定得面對、得習慣的衝擊。但是即便如此，有兩個不一定都是老人的科，也是我不會選擇的，一個就是能夠接觸到年紀小的小兒科，看到兒童生病，其實是另一種心理上的負擔。

有人曾經說，獸醫和小兒科醫生面對的，都是不會說話，或者還不太會表達的病患，尤其是小朋友，我們大人碰上病痛都會受不了了，更何況是孩子？他們會哭會鬧是常態，可是對於還在實習期間，二十來歲的我而

言，實在是沒有多少耐心哄勸。等到日後我有了自己的小孩，他們「魯」起來的時候，我一樣會覺得煩，才發現自己真的不是當小兒科醫生的料。

不像我有個同學，那真的是超級有耐心，碰到再怎麼哭鬧不休的小病人，他總是有辦法安撫：「小朋友，來，讓叔叔看看，你哪裡不舒服？我們來把痛痛捉出來，讓它不見，好不好？來，牽著叔叔的手，對，就是這樣……」**那真是天生的魔法師，我們看起來是很會「騙」小孩，實際上這功夫還真是騙不來。**後來這位同學就走小兒科，而且非常成功。

另外讓我印象深刻的是精神科，也就是現在的身心科。病友的年齡不見得大，**不過他們像是活在和我們完全不一樣的平行世界中，與你對講的病人腦筋在想什麼，我們根本無從得知，**原本安安靜靜的，也會在突然間躁動。

印象很深刻的是實習期間，我們去高雄療養院，同學分成三人一組，關懷病人，問他的狀況，突然一個拳頭揮過來，正中同學的眼睛，實在慶幸他有近視啊！鏡片和鏡框都碎了，眼鏡周圍也掛了小彩，所幸眼睛無礙。

那回真是嚇了我們一跳，但還是有同學走精神科，到玉里榮民醫院任職，而且當得還不錯。照顧精神科病人好像是在跟另外一個次元的病友相處，而且這輩子都要學習和他們溝通，在我看來，也是相當不容易的選擇。

＊＊＊＊

為什麼會選擇婦產科？
可以聽到：「恭喜、恭喜，歡迎再來。」

任何一個行業，就像家族，都會有自己的系統和家族，比如說台大畢業的學生，自然會選擇留在台大醫院，而台大醫院也會優先留下自己台大醫學院的學生。

不過在我們那個時代，台灣經濟在起飛、社會在發展、人口在增加，各家醫院用人不再這麼嚴格，也無法都這麼嚴格，所以實習是可以選擇到其他醫院的。

我家在台北，當然會想要回台北，而且成績好的有優先申請權，我在高醫成績是很好的，本來想先回台北實習絕對沒問題，想不到學校有對策，從我們那屆開始，不再以成績排名來分，而是抽籤決定，**學校認為培養了六年多，結果最優秀的不留在高醫實習，不是太可惜了嗎？**所以就抽籤，我剛好抽中要留在自己學校的醫院：高醫實習，那就留下來了。

回到最初的提問：「院長，您當初為什麼會選擇婦產科？」**可以聽到：「恭喜、恭喜，歡迎再來。」所以我幾乎是沒有太多的猶豫，**很早就決定要以婦產科為職志，只是後來還是從婦產科聚焦到婦癌，那又是上帝的安排了。

既然選定了婦產科，當然就要往最精進的路上走。即便我抽中籤留在高醫實習，不過還是能夠從前輩身上看出端倪。

實習要跟診，跟著進手術房，我就發現有位醫生開刀技術比較不一樣，經過打聽，才曉得他是從台北回來的婦產科醫生，既然如此，**我下定決心，將來一定要到婦產科最優的地方去學習、去服務、去奉獻我的所學和能力。**

不過在畢業以後，就業之前，我們還要先考取醫師執照，還要當兵兩年，如果扣除考上大學後上成功嶺，以及軍訓課，也還有一年十個月。這段期間對醫學院的畢業生而言，重點當然是要在這個時候考取執照。

有些法律系畢業的學生可能考不過律師執照，後來就沒有在法官、檢察官或者律師當中選擇職業，不過我們醫學院的學生，除非真的不想走這一行，或者根本就沒有畢業，甚至早早轉系，否則幾乎都可以考上。

考不過怎麼辦？再考啊！我記得一年大概有兩次機會吧，只要有認真讀書，考題也不會像我們求學期間，偶爾會碰上就是喜歡刁難學生的老師，專門出讓你考不過的題目，大致上考取執照的比率是高的。

兵役服完了，執照拿到了，科別決定了，接下來就是看想要到哪一家醫院去。

＊＊＊＊

我有更多的地方需要學習，不能停下腳步

我去請教教授，教授說要到台北嗎？

「是，台北馬偕。」

很難考喔，你真的要去台北馬偕，不留在高醫嗎？你想走外科，我看神經外科也是你的強項，不再考慮一下嗎？

我確實考慮過神經外科，這個系統我讀得非常好，成績也考得非常高。但是同樣是開刀，神經外科需要的時間更長，有時一台刀一開就是十幾個

小時，開了太久站太久，體力在年輕時是沒有問題的，**問題是，雖然我喜歡開刀，但我有沒有這樣的耐性？**婦產科的手術有的也是要很久，可是一般而言，絕對沒有神經外科的那麼久。

當然我也知道教授希望把成績最好的學生留在自家醫院的心情，可是我有更多的地方需要學習，不能停下腳步。

想要成為一個優秀的外科醫生，開刀的訓練過程很重要，所以為什麼人家講說如果你想要走某一科，就必須找到這一科技術好、訓練強的醫院去申請。經歷過這些，結果肯定是有差別，而且往往是差很遠的。

如果不是有這樣的決心，坦白講，當初其實我的成績這麼好，以高醫為第一志願，要留任任何一科，絕對都沒有問題。

為什麼我堅持要申請台北馬偕醫院？

首先，我會想起小時候跟著媽媽帶弟弟到馬偕兒科的情景，我們家，得自於這家醫院的幫助很多，便會有回饋的念頭。

再來，我的阿嬤在我讀醫學院的時候罹癌，那時候覺得為什麼我幫不**上忙？為什麼我還不是醫生，而只是一個醫學院學生？**但也因為如此，從那時候起，我研讀婦產科別的治療，就特別有感覺，比較有感情。

最後一個是擔任實習生的時候，開始分內外科，後面就決定到婦產科。那為什麼走婦產科要選擇馬偕？這樣說好了，讀醫學院時，真正接觸人體，當然就是大體，我們跟這位大體老師相處一年，熟悉了人體所有的器官、血管和神經，但是畢竟就是一具大體。

＊＊＊＊

每位女性都有子宮，但每個子宮都不一樣

而每個人，其實都是獨一無二的。我這邊說的獨一無二，不是勵志書上說的那種每個人都可以活出自己獨特的光芒來。不是，我說的是具體的、實像的獨一無二。

每位女性都有子宮，但每個子宮都不一樣，開刀下去，就會知道。就算得的是同一種病，每位病人的情況還是不同，所以一家醫院的婦產科累積的開刀數是一百台，當然跟累積一萬台的不一樣，我能學習得更多，可以跟的經驗更足，能夠奉獻的能力更夠，可以服務的品質更完備。

在我們那個時代，競爭的人非常多，那一年台北馬偕婦產科只有四個名額，但報名的就超過一百個，第一關就直接刷到剩下八個，接著就是直接口試。

很幸運的我以優異的成績通過錄取，可是通過只是開始，接下來的訓練過程當然辛苦，很辛苦。**跟著老闆，也就是主治醫師，跟著他訓練，功夫很多，但坦白說還要看你有沒有慧根，能不能開竅。**

我剛才說了，每個人都是獨一無二的，每位女性的子宮當然也都不一樣，每一次手術，都是訓練，會看到千奇百怪的狀況，一打開肚子，老闆劈頭就會問你的看法，如果今天是你執刀，會如何下刀，如何判斷，如何決定。**每一場手術，都是硬仗，畢竟對病人來說，那就是把自己交到你手中的信任。**

能夠進到這裡任職，起先覺得是自己以優異的成績通過篩選，別人會說是優秀，或者是緣分，但現在我會明白，這都是上帝的安排。

就這樣，開啟了我在馬偕的職涯，直到今日。

必須承認當時無知的我，對於什麼是醫界四大科毫無概念，以至於之前聽說東馬即將有台北總院的名醫要來接任院長，並知道是婦產科的醫師時，還曾有：「唉，果然不重視台東馬偕，為什麼是婦產科的醫生呢？」

初聞王功亮，醫生與醫院百態

第一次聽到「王功亮」這個名字，是在台東故事館的二樓，二〇一四年，正是他才剛上任的第一年。

「院長也來了，可是現場太多人，他就不進來了，跟你們說一聲，祝福活動順利。」

那是一場新書發表會，作者是台東馬偕的醫師之一。

＊＊＊＊

我們何來「視病如親」這種對他人不切實際的期待和自我期許？

必須承認當時無知的我，對於什麼是醫界四大科毫無概念，以至於之前聽說東馬即將有台北總院的名醫要來接任院長，並知道是婦產科的醫師時，還曾有：「唉，果然不重視台東馬偕，為什麼是婦產科的醫生呢？」

其實也不是針對婦產科，都說我是一般無知的小老百姓了，對於何謂「厲害」的科別，大概只停留在外科、心臟、腦部等等的粗淺，甚至算是偏頗的認知。

加上隨著年紀的增長，長一輩、甚至長兩輩的親友陸續因為疾病住院治療，就連年紀比我小的，也因車禍意外，緊急入院。

那些年，台北的台大醫院、新光醫院、榮總醫院、和信醫院；花蓮衛福部醫院、慈濟醫院、門諾醫院，當然更不乏台東在地的基督教醫院、部東醫院，以及，是的，台東馬偕醫院，都是陪著輾轉求醫、探病或身為照顧者的院所。

經驗呢？自然有好有壞。其中最深刻的印象之一，就是身為台東人重病求醫時的徬徨和無助，已經罹患重病了，還不得不舟車勞頓，耗費不見得負擔得起的金錢和精力，無論是病人本身，或者是照顧的家屬，心上的壓力，絕對不下於身體的病痛和勞累。

印象之二就是「先生緣，主人福」。眾所皆知的名醫，不見得就有一雙「神之手」，更重要的是，不見得有顆「同理心」。

在醫病關係中，會一廂情願的，常常是病人，卻忘了醫生也是人，不是神，是百工之一，不是我們所應該期待的「視病如親」的親人。

「我今天是來代課的，有哪位同學志願讓我問一個問題？」那是一部連續上演好幾季，深受大家歡迎的一齣以醫院為背景，以醫生為主角的美劇當中，那位顛覆傳統觀念的主角讓我印象極為深刻的一幕：「好，就是妳了。」他選擇了舉手當中，一位亞裔的女學生。「假設今天妳的母親需要一場頗有風險的手術，妳會為她執刀嗎？」

女學生顯然沒有想過會碰上這樣的直球，在愣了片刻之後，誠實回答：「不會，我會找信任的資深教授醫生來。」

「很好，」身分剛好就是她口中的教授醫生打斷她的回答說：「夠坦白，我相信這是妳的真心話，正因為如此，那我們何來『視病如親』這種對他人不切實際的期待和自我期許？」

＊＊＊＊

院長是婦科的權威，把妹妹交給他，我很放心

「小姐，妳剛剛怎麼敢對醫生對嗆？」

「對嗆？應該沒有吧，我只是請教他為什麼對我爸爸的術後詢問不予回應，甚至還用揶揄的口氣說講了他也不會懂，乖乖打針吃藥觀察就是了。這樣不是對待病人和家屬應該有的態度吧？」

「但是他是名醫，」與我朋友父親同房的病友家屬說：「我們住屏東，他在高雄很難掛號，我們就是聽說他這陣子會來你們台東，才特地跟過來，讓他幫我先生手術的。」

「我以為只有我們台東人才會這樣不得不向外求醫，你們在屏東，到高雄方便，上去台南也行，怎麼反過來到台東來？」

「小姐，就跟妳說了，他是名醫，在我們高屏地區很有名，我們應該要『姑情』（註：台語發音，是比一般懇求、情商還要低聲下氣向他人央求的意思。）他，真的，『姑情』都還來不及了，妳怎麼還敢有意見？」

這是發生在台東某家醫院，朋友父親動手術療養期間的真實互動。

「換腎一個多月了，你們什麼抗生素都打過，我妹妹的身體還是沒有辦法接受，可不可以把它摘除出來，我們繼續回花蓮洗腎就好？」

「一顆腎的捐贈來之不易，我們盡量往移植成功努力，好嗎？」

對全國首屈一指的醫院來說，由名醫執刀的器官移植拚的是換腎之後，存活多久的機率和時間長短的數字，可是對我們而言，卻是家人從滿懷希望進醫院，後來以手壓呼吸器維持著仍在生的模樣，連夜由救護車載回花蓮的生死離別。

沒有孰是孰非，只有認知角度的差別。就像我再次聽到「王功亮」三個字，是朋友主動要求她的妹妹到台東來動子宮肌瘤的手術。

「妳單身，妹妹在台中有家庭，這手術聽起來危險性也不算高，為什麼還要她過來？」我是真的不解。

「就因為我單身，可以好好照顧她，她在台中還要操煩孩子，先生也沒辦法蠟燭兩頭燒。院長是婦科的權威，把妹妹交給他，我很放心。」

＊　＊　＊　＊

王功亮過來東馬，肩負的不只是「院長」兩個字而已

要到更後來，我才知道王功亮過來東馬，肩負的不只是「院長」兩個字而已，他是帶著對自己的期許、馬偕醫院的託付而來。

追溯源頭，從一九八二年四月一日，連續兩年，台北馬偕醫院每月派一位醫師支援蘭嶼衛生所起，到一九八五年五月一日於太麻里鄉衛生所開辦第二所群體醫療執業中心；這中間歷經於成功衛生所開辦群體醫療執業中心，與台東省立醫院，即現在的部東醫院展開醫療合作計畫，派遣皮膚科、耳鼻喉科（眼科）、小兒科、外科等，每月固定有四名醫師支援。

創立台東馬偕之後，一九九一年七月，台東馬偕由準區域醫院升級為區域教學醫院；一九九三年二月一日，ICU（加護病房）4A 擴床及門診、復健科擴大；同年的七月十六日，碰巧同火車的六位護理人員，在車上協助產婦產下男嬰，蔚為美談。

一九九一年七月一日，慶祝醫院十週年慶，舉辦「金幣寶寶」活動；五年後的二〇〇二年八月二十二日十五週年慶，特別舉辦早產兒回娘家

活動，當日共來了一百一十二位早產兒及家屬。

這些東馬大事記，像是預先鋪設的階梯，有著全東馬人的努力，一步步的往前，都是不可磨滅的印記，給台東的病患，包括我；也是給台東馬偕醫院，包括院長王功亮的。

〈第4章〉

思前看後 決定留在馬偕

留在有制度的醫學中心，我從來沒有後悔過，雖然如上述我必須找時間寫論文、進修、升等，還要擔任教職，所以願意留下來的，其實很辛苦、很辛苦，論文的累積是以幾百篇來算的，就像在爬金字塔，要一直上去，就得一層一層的爬。

二〇〇九的三月中旬，有一則新聞提到：「鴻海總裁郭台銘再當爸，妻子曾馨瑩於今天上午在台北馬偕醫院，以剖腹產方式產下一女；郭台銘旋即與馬偕婦產科主任王功亮召開記者會，與大眾分享喜悅。

王功亮表示，郭台銘夫婦選定今天剖腹生產，母女均安，這次順利接生，他也代表醫院祝郭台銘一家幸福平安。」

＊＊＊＊

這新聞中的「婦產科主任」，竟然一晃就是近三十年

一年半以後的十一月，新聞再度報導：「鴻海總裁郭台銘再當爸。馬偕醫院派出超強的接生陣容，開刀房裏共有三位醫師，包括院長蔡正河、主刀的婦產科主任王功亮，以及小兒科主任陳銘仁，在新生兒出生後現場評估檢查。

入夜後，馬偕醫院新院區矗立在車水馬龍的中山北路及民生東路街角，曾馨瑩的病房窗簾拉開，一隻黃金虎氣球掛在窗邊，還有一頭可愛乳牛氣

球掛在更上方。」

那兩個氣球，象徵著郭台銘夫妻新添的愛子與去年出生的愛女。

而我回首從一九八〇年申請馬偕醫院婦產科一百人當中脫穎而出，到這新聞中的「婦產科主任」，竟然一晃就是近三十年。

真的是一晃嗎？當然不是，**這中間，起起伏伏、喜怒哀樂，有太多值得感恩，想要分享的歷程**。

都說能考上醫學院的，都屬於頭腦最好、功課最好、最聰明的一批人，而往往當上了醫生，好像也就是完成目標了，其實人生當然不是這樣的。

人生是一段不斷往前進的旅程，而**醫療對我來說，更是永無止境的學習，是我勝過一切，所熱愛的學習**。

我說過，最初選擇婦產科，是因為在我們那個時代，國家鼓勵生產，所以看到新生命的誕生，說出恭喜，聽到歡喜的笑聲，是進入醫界的最大動力之一。

不過我選擇的是婦產科，剖腹產是其中一項手術，漸漸地，我會接觸到治療婦科疾病的手術。

當時的台灣，是一年有四十幾萬新生兒的台灣，現在呢？每年只有十五萬左右而已。

曾經，從福馬林的池子裡撈起大體，讓我知道自己從此學醫的過程，再也沒有什麼好過不了關，就像進入手術房後不怕血的味道，也讓我決定了走能帶給我成就感的外科路線。

＊＊＊＊

五、六年級為見習醫師階段，外號是「路障」

不過真正擔任住院醫師，尤其是身為基督徒之後，我才知道以上的想法，都是我的傲慢。**學習的路很長，上帝要透過我來做的工，就是不斷的精進。**

以前的時代，還有實習醫生這個名稱，每科都去待一定的月份，除了將所讀化為所用外，也供醫學院的學子做選科的參考。這個制度，在二〇〇三年春夏之際，台灣受SARS疫情嚴重波及，造成包括醫護人員，尤其是經驗不足、訓練不夠的年輕實習醫生在內，七十三人死亡，三百多人感染的重大事件時，受到嚴格的考驗。

首當其衝的醫界在此之後痛定思痛，做了一番檢討和改革，其中一項，就是「實習醫生」這個名詞漸漸淡出，十年後，終於正式取消。

事實上，各行各業的成長路線與職位升遷的規則都各有不同，醫生也是一樣，**一般人根本弄不清楚，只會分年輕醫生、資深醫生，甚至直接說「會」和「不會」的醫生**；這也是為什麼至今仍然有人會說出：「我不要讓實習醫生看，我不要讓實習醫生幫我開刀」話來。

我求學當時的制度已然遠去，現行的醫師成長軌跡大致是大學一到四年級的醫學系學生，同時準備第一階段國考；課業從大二開始就會非常繁重，有很多醫學類的課要修，像是各種生物課程、藥學課程、生理學和病理學等。一般大學生到畢業忙著找工作，或者已經考取的，等著上研究所的暑假時分，醫學院學生則要上緊發條的準備考試。

五、六年級為見習醫師階段，外號是「路障」。因為是以 Clerk 的身分在臨床環境跟隨著各科師父修行，並沒有可以開立醫療囑咐的能力，通常又不熟悉醫院的作業流程，**雖然已經身穿白袍，但這些年輕醫生三五成群，看在病人眼中，就像占在空間擋路，路障之名，因此而來。**

醫學院七年級的最後一年，原本會以實習醫師的身分開始打雜醫院的大小事項。除了有很多表單要填寫外，也要開始練習診斷、開藥、和臨床照顧等知識。

＊＊＊＊

有輪班就會有值班，實際上就是下不了班

不過從二〇一三年入學後的學生已經沒有這個階段，而是直接把這個階段併入下一階段的住院醫師，也就是說當年我們原本大學要讀七年。這個階段會開始輪班，雜事很多，通常是做一些學弟妹不能做，學長姐又不屑做的冗長事務。例如心電圖、抽血、送檢體和插拔設備等等。

這個階段的英文名稱是 Post-graduate year，簡稱 PGY。有輪班就會有值班，實際上就是下不了班，得留在醫院過夜 on call，然後隔天還要繼續上班到下午。這種超過二十四小時的班，套用現在的流行語，只有一個字，就是「狂」，很容易就會達到每個禮拜八十小時的工時。

但不論制度怎麼改，每一位醫師的養成都得經過此各個階段，這是我的親身體驗，所以兼任教職，開始在醫學院當老師上課後，才會說如果只是為了賺錢，醫生這個行業，肯定不是首選，太辛苦了，沒有想要救人的愛心，是走不下去的。

在不分科的PGY之後，就是分科的住院醫師了。**有點像是一般人念完碩士才可以選科的感覺，你選的科別會影響你待在住院醫師這個身分的長度**。第一年的住院醫師叫R1，第二年的叫R2，以此類推。待多久與科別有關，可能要到R5、R6，甚至是R7。

同樣都是Resident，也就是住院醫師，**但科裏還是會有一位Chief resident：總醫師**。在住院醫師值班時間若碰上特殊的狀況時，就會向上逐級回報到他。但除非是緊急到需要開刀等事項，才會呼叫on call的主治醫師。

對，Visiting staff，就連病人也會常聽到的頭銜：主治醫師。到了這個階段，基本上在醫療專業上面就算封頂了，你可以繼續選擇往上爭取管理階層，例如擔任主任或院長，也可以選擇自己開業或到一般診所上班。

如果留在大醫院裏，主治醫師就是要為病患的治療負起主要負責，雖然大部分的時間可能都是由他科內的住院醫師來照顧病患。

＊＊＊＊

欸，這名字我很熟啊，
可是她住院了，我怎麼都不知道？

剛升上馬偕婦產科的年輕主治醫師時，比起四年的住院醫師期間，相較之下，可能是我最清閒的一段時間了。

因為年輕，**掛我號的病人，有時甚至可以用小貓兩、三隻來形容。**沒有騙人，真的有時就是這樣，不是那時候的人比較健康，是病人不會來找你，他們都會想要找主任。這和後來及現在，不但不可同日而語，可能是之後才認識我的病患所難以想像的。

就算是當上主治醫師了，令我印象很深的是，好不容易有次門診一位病患子宮內有肌瘤，而且已經影響到日常生活。我跟她解釋這肌瘤需要開刀，也有把握我的技術是可以勝任的，她卻說要回去考慮看看。

我們每天都要開晨會，過了幾天的晨會，我看到住院病人的名字。欸，這名字我很熟啊！可是她住院了，我怎麼都不知道？

啊！原來她找的開刀醫師是我們主任。我當然會若有所失，但也知道這是無可避免的過程。

就像在精進醫術的過程中，我在學習的路上一樣沒有停下腳步，要寫論文，不是寫病歷，而是能夠發表的論文。

是，這都需要時間，**而治療病人是醫生花最多時間的專業，寫論文、進修，那都要自己找出時間來。**

一九九八年六月我取得講師證書，但這樣對我而言還是不夠，我想學得更多，不只是醫學而已，而是進入陽明大學醫務管理研所學分班攻讀，在二〇〇二年六月畢業。

後來從講師一路升為助理教授（二〇〇三年二月）、副教授（二〇〇九年七月）到教授（二〇一五年七月）。

教職上的證書對我的肯定和重要性，不下於我分別在一九八一年二月、一九八九年十一月通過考試而得到認證的醫師，以及婦產科專科醫師資格，**因為教職可以讓我教導醫學院的學生，如同當初我在課堂上受教一樣。**

我喜歡學習，**更喜歡將學習到的知識與經驗傳承下去，讓更多人得到**

醫療的服務，減少病痛的折磨，即便是無法完全恢復健康，也能夠在帶病延年的範圍內，有著最好的生活品質。

＊＊＊＊

和我同期進馬偕婦產科的其他三個人都出去開業了，只有我留了下來

若問我，如此忙碌，好不容易當上了已經漸漸有口碑的主治醫師，難道沒有想過要自己出去開業？

確實，在大醫院裏，我們的薪水是有底薪，可是走外科路線的醫生，所得大部分和你有多少需要開刀的病人又有關係。

那個時候沒有健保、沒有勞保，如果出去開業，病人又多的話，那真的是日日進現金。很多人因而不見得會留下來，反而都是出去開業，開業真的很好賺，真的非常好賺。

我說過，我們是個和外公外婆家族非常親密，勉強算得上是小康的家庭。

當醫生，尤其是自己開業的醫生，當然可以賺得更快、更多，能更大幅度的改善家庭的經濟。

我有沒有過糾結？當然有。

其實是這樣，第四年以後，也確實要考慮自己未來的出路，因為越熱門的科目，比如說我們馬偕的婦產科，越多人想進來，所以還是有名額的限定，**你優秀度越夠，出路越多，無論是到別家醫院或診所，或是自己開業，或是繼續留下來。**

我曾說當初進馬偕婦產科有四個人，那個時候剛好到第四年，離開馬偕醫院出去外面開業的前輩，有時候他們有事情，忙不過來，也會找我們這些學弟輪流去幫忙，可見病人很多，業績很好。

幫忙的次數多了，自己心中就多了一個參考的指標，不論是前輩，或者是同輩，都會問是不是要一起出來？甚至有前輩還會明說：「王功亮，我覺得你很適合出來開業，你代班時的病人，對你的反應都很好。」

除了覺得我與病人之間的溝通好，病人信賴度高以外，也明白的說出來開業在經濟上可能比較適合我的家庭。

結果是，和我同期進馬偕護科的其他三個人都出去開業了，只有我留了下來。

理由到底是什麼？我回頭再看，可能比當時下決定時更加清晰明朗而單純，就是我喜歡學習，喜歡將學習到的新知識用來服務病人。

醫療永遠在進步，我的個性是認為留在醫院能夠跟著一起進步，新的研究和知識讓我這輩子不會退步，這很重要。

＊＊＊＊

你人生想要賺到多少錢呢？多少錢才算夠呢？

留在有制度的醫學中心，我從來沒有後悔過，雖然如上述我必須找時間寫論文、進修、升等，還要擔任教職，所以願意留下來的，其實很辛苦、很辛苦，論文的累積是以幾百篇來算的，就像在爬金字塔，要一直上去，就得一層一層的爬。

當然還有最實際的薪水，我也找過教授商量，他對我說的話，至今仍深深記在腦海裏。就是你看你的人生要賺多少錢，他說：「你人生想要賺到多少錢呢？多少錢才算夠呢？」

教授給了我一個假設的數目字，我覺得已經很多了，然後再把這個數字除以我擔任外科醫生壽命的年份，平均算二十年好了，一年要賺多少？然後再除以十二個月，每月需要多少收入，才能達到這個人生目標。

看似需要很複雜思考的決定，這麼算下來，就變得單純，我也和太太商量，說留下來，這樣就可以生活了，過個幾年，可以有不錯的房子和車子，可以實現我對外婆與母親的承諾，照顧小弟之外，應該還能有些存款；這些，以我在醫院領的薪水，實實在在的做，應該都能達到。

不過辛不辛苦呢？換個角度想，自己開業也辛苦啊，只是如同收穫不同一樣，辛苦的模式當然也會不同。**我既然選擇了留在馬偕，那就更要朝著為病人服務，給家人安定生活的目標前進。**

要達到這個目標，首要的條件，其實和所有的人一樣，就是把自己的身體照顧好。然後就如當初教授跟我分析的；現在我也會告訴年輕醫生們，初期薪水絕對比不上出去開業，**剛開始你的薪水肯定不多，但日積月累的基本功，卻能在意想不到的時候回報你的用心。**

在大醫院，病例多、大數據多，看到曾經在醫院內一起為值班苦熬，後來出去開業的同儕轉診過來的病患，而你能夠為他們服務，幫他們解決時，我認為那就是上帝對我願意付出的應許。

決定留下來，我的目標就很明確，腳步就很踏實，最重要的是，上帝的安排也一一在我眼前展開，其中一件非常重要的轉折，就是有機會到美國研修。

More to see

急診的經歷VS台東民眾對台東馬偕醫生與設備的期待

這位判斷正確，當機立斷的肝膽胃腸科醫師沒有告訴這對母女的是，因為CT檢查的結果看不到任何結石的蹤影，所以這項檢查後來沒有得到健保局給付的認定，費用由東馬吸收，他也受到了檢討。

「要不要我一路開到花蓮，我們到慈濟去看？」老舊的車子已經開上長沙街了，W女士聽到弟弟這樣問。

「舅舅，媽媽已經痛成這樣，現在又已經九點多，要開到花蓮，至少要將近四個小時。」W知道女兒沒有說出口的是，能夠撐到那時候嗎？

「但是……」因為之前自己的兒子車禍急診，隔天轉院到花蓮，中間的過程讓他實在不太敢再相信就在眼前的東馬。

＊＊＊＊

胃宿疾病與胰臟炎的一線之間

沒有什麼但是了，車子已經開上

急診室門口，W也被送上急診床。

量了血壓，測了心跳，急診室醫師過來詢問病史。

「胃痛已經半年，診所打針吃藥，時好時壞，最近連皮膚都變黃，今晚痛得受不了，所以……」女兒C小姐幫忙解釋著。

急診醫師表示明白，快速判斷下決定，W的女兒隨侍在旁，入夜後的急診室竟是這樣的「熱鬧」？這個字眼好像不太對？或許「忙碌」更適合一些。

半小時候，醫生過來，問：「有沒有止痛了？」

W虛弱地搖搖頭。「還是一樣痛。」

急診室醫師看了看血液送檢後的結果報告，折返看診檯，盯著螢幕敲鍵盤，護理師隨即要C去急診領藥區領取針劑，再拿回急診室讓她們給W施打。

又過了半小時，醫生再過來，C急忙起身。「醫生，媽媽睡著了。」

他點點頭。「那我的判斷可能沒錯，讓妳母親疼痛的不是胃，而是胰臟。」

W後來住院一個禮拜，做了包括腹部超音波，和CT，也就是電腦斷層攝影掃描（Computed Tomography）腹部的檢查，徹底搞清楚了病因。

原來這半年來，她的疼痛並不是自以為從小就有的宿疾：胃痛，而是胰臟發炎，但因為她沒有飲酒的習慣，所以經過斷食和儀器的檢查，精準的判斷出是膽管阻塞，造成胰液和膽汁回流，因而引發的劇烈疼痛。

「那為什麼之前在診所打針吃藥時，也有效果呢？」C實在不解。

「妳回想看看，人不舒服時，尤其是胃痛，第一個反應是什麼？」

「停止進食。」

「對了，一旦停止進食，不管是胰臟、肝臟或者膽囊，就不會再分泌消化液，而這三種消化液正是透過同一個管道，也就是膽管進入我們人體的消化系統。我們懷疑W女士膽管有結石，造成阻塞，或許沒有完全不通，但至少是讓膽管變得狹窄，沒有分泌液，身體暫時就會得到舒緩，一旦又開始進食，就會反覆引發疼痛。」

「所以之前的醫生有誤判嗎？」

「也不能這樣說。」W住院期間的主治醫生，剛好是那晚的急診值班醫生，所以可以做詳細的解釋。「就好比妳剛剛說的，媽媽停止進食後，就不痛了，或者不再那麼痛了，所以回診時，醫生就會以為找到了真正的病因。沒有胰臟發炎經驗的人，很容易和胃痛混淆，畢竟部位相近。」

W女士回想起那晚情況緊急，不得不進東馬急診，還曾讓弟弟擔心，差點與外甥女，也就是自己的女兒起爭執的過程，而明天自己即將可以順利出院，這可視為一種運氣嗎？

「醫生，後續的治療？」C詳細請教著。

「定期回診一陣子，觀察看看，目前應該是沒有問題了。因為CT檢查的結果，膽管雖有被撐大的跡象，但看不到結石，有可能是顆粒更小的膽砂，已經排出，所以現在膽管恢復通暢，消化液可以正常進入消化系統，不會再引發不適。」

＊　＊　＊　＊

醫院與醫生就像是電腦的硬體與軟體，相輔相成且缺一不可

這位判斷正確，當機立斷的肝膽胃腸科醫師沒有告訴這對母女的是，

因為CT檢查的結果看不到任何結石的蹤影，所以這項檢查後來沒有得到健保局給付的認定，費用由台東馬偕吸收，他也受到了檢討。

不過，看到病人可以健康出院，看到家屬放下心來的表情，一切都值得了，不是嗎？

台東馬偕在一九九五年九月二十五日啟用體外震波碎石機，一九九八年六月二十日啟用核磁共振造影儀，一九九八年十二月八日啟用重新整修後的急診，二〇〇〇年四月七日起，民眾可以開始在網路線上掛號，二〇〇〇年十二月啟用數位式透視攝影遙控式X光機……

這些在其他縣市可能早已司空見慣的儀器和預約看診方式，對於台東民眾，或者是願意來台東服務的醫生而言，都是殷殷期盼、倍加需要且珍惜的成果。

醫院與醫生就像是電腦的硬體與軟體，相輔相成且缺一不可。然而礙於台東縣民人口數，有些建設、有些儀器明明需要，卻會卡在使用率的考量上。

如何在「養兵千日」和「用在一時」之間取得收支平衡，也成為東馬主事者最重大的考驗之一。

長久以來都差不多，只要是重症就往外轉，那你想要轉的話，到花蓮慈濟或是門諾，三個小時；到高雄不論哪一家大醫院，一樣要三個小時；很多真的是急症的病人，仍然堅持要轉，那在轉的過程中，比較撐不住的，也就來不及了。

〈第5章〉

婦癌專家來台東馬偕

「台東，去不去？」二〇一四年，時任馬偕醫院總院長的楊育正醫師詢問我的意願，可能是見我沒有馬上回答，他接著再問：「覺得太遠？」

「不是。」這完全沒有在我的考量之內，所以幾乎是反射性的回答。

「那你的猶豫是……？」

「我想請教院長，為什麼希望我去台東？是台東真的需要我，還是只是去過水？如果是去過水，那絕對不是身為醫生、身為基督徒的我所要的。」

「好，既然你這樣反問我，我也要繼續反問你，**如果你答應了，會為了什麼理由而答應？」**

為什麼？

身為醫生、身為基督徒的我也這樣自問：為什麼？

然後我回想起從決定留在台北馬偕醫院，一路走到今日的歷程。

既然決定留在我稱為「爸爸」（天父）的醫院，而不是選擇自行開業，那我就要不斷的進修，之前不是說選擇婦產科，是因為這是最歡喜的一科嗎？沒有想到，後來我還是走上了婦癌這條一樣必須要面對生死挑戰的治療路。

* * * *

唯有從外部、從更大的格局來看，才能看出我們的盲點

一九八二至一九八六年扎扎實實的接受婦產科住院醫師四年訓練，當時的科主任是藍中基醫師，科內的主治醫師有八位，其中就包括有上述的總院長楊育正醫師，還有李義男醫師、王國恭醫師和蘇聰賢醫師等。

一九八六年晉升為婦癌科的主治醫師，負責發展陰道鏡檢查及婦癌化學治療，除了不斷書寫論文和進修之外，影響我至深的一件事，應該是從美國德州休士頓 **M. D. Anderson** 癌症中心來演講的一位主任醫師 **Dr. Felix Rutledge**。

他們的專業就是癌症，我記得是來台灣一個禮拜吧。他看了我在子宮頸癌上發表的論文，對我已經有印象，剛好我們那個時候的主任看我的時間還可以，就說：「王功亮，這個禮拜，你就擔任他的私人司機，負責他行程的接送。」

要不是他到台灣來演講，我們根本不太可能有機會親自認識他；要不

是主任覺得王功亮這個年輕人也沒什麼病人，比較有空，我也不可能擔任他的司機。

「他有什麼事交代你去做，什麼時候要到哪裡，什麼時候要回飯店休息，這個禮拜，全部交給你，沒事你再趕快回醫院。」

無論私事或者公事，比如說他去演講，演講的時間，我還是要趕回醫院上班看診，所以我們相處最長的時間，就是在車程當中，而且真的是一對一的交談。我可以請教很多平常我所碰到的瓶頸。

就這樣我多了很多親炙的機會。當時子宮頸癌佔了婦癌極大比例，甚至說是婦癌首位也不誇張。每天面對病友的我，當然會想要從這位前輩醫師上取經，所以在不打擾客座的範圍內，能請教多少就請教多少，希望自己可以在他來台的一星期內，學習多少是多少。

並不是我的老師、前輩或者學長姊無法回答，而是我們畢竟都在台灣，甚至在同一家醫院內，我們面對的議題都是相似的，唯有從外部、從更大的格局來看，才能看出我們的盲點，或者不足之處，往往是江湖一點訣，一點就通。

＊＊＊＊

你和我們醫院，或者醫生有特殊關係嗎？

他說你們在子宮頸癌方面的開刀技術非常好。這句話乍聽是稱讚，其實背後一定有覺得我們不足之處，於是我心中漸漸有了一個想法，只是覺得機會不大，所以躊躇著不曉得如何出口。

想不到讓我更加驚喜的，是在這一個星期即將結束之前，他主動說希望我可以申請去他行醫的 M. D. Anderson 癌症中心進修。

要到美國去，也得台北馬偕願意放人，我向醫院表明了意願，立即獲得同意，真的是雙倍的幸運。

一九九〇年的出國進修，相較二〇〇二年經院方推薦我至陽明大學醫管碩士學分班進修醫務管理不同；到美國，那是全然專業的投入，至陽明大學則是工作和學業並行，時間管理更為重要，但也開拓了人生的另一個領域。

我印象最深的有兩件事，一件是看到化療的進步。**當時美國已經都電**

腦數據化，化療的成果打開電腦一看，清清楚楚。有沒有效果？效果多大？後遺症是哪些？延命的時間等等。讓我想起在國內，有時我們會很憐憫受苦的病人，說做化療，好像台語在說做「起毛」的，也就是把化學療法英語 Chemotherapy 的簡稱 Chemo 台語化，有點徒勞無功的味道。

在可說是當時全世界最有名的 M. D. Anderson 癌症中心，我學到了化療的新療法是可以真正幫忙到病人的，得到很大的鼓勵。

再來是比較個人的，有天我接到一封 e-mail，是台灣某醫院的醫生寫給我的，大意是說他也提出了申請，想過來進修，可是一直沒有消息，想拜託我可不可以問看看。

大家都是台灣人，我當然樂意幫忙，就跑去祕書那邊問說，我們台灣另外一位申請要過來進修的呢？有沒有收到他的申請資料？

祕書也很有意思，她先指著桌上一大疊資料對我說：「這是從全世界寄來的申請，相信你說的也在其中。」

真的是一大疊，我也只能謝謝她的回應。不過接下來換她好奇問我了。「你和我們醫院，或者醫生有特殊關係嗎？不然我看你年紀輕輕，怎麼就有這麼好的機會來進修呢？」

聽她這樣一說，才知道自己是多麼幸運，而對於這份幸運，我深刻地知道上帝的安排絕對不是偶然。

「你是我們主任和你們主任之間說好的交換醫師，肯定優秀，所以才會這麼年經就可以來。」

其實我知道真的不是因為我特別優秀，而是特別幸運，也是上帝在我身上做的工，讓我能夠一申請就獲得了進修的機會。

＊＊＊＊

如果答案是肯定的，那麼，我就會全力以赴

我珍惜這樣的機會，下定決心要盡全力的學習，這就是我的信念還有原則。

每次做一件事情之前，我會問，這是我想做、我能做、我願意付出的嗎？

如果答案是肯定的，那麼，我就會全力以赴。

十年前當楊育正院長問我要不要來台東時，我最主要的想法就只有一個：**來當這個院長是台東需要的，是真的可以幫助台東民眾的，那麼，我就來，來也才有意義。**

雖然我一直在台北總院，可是對台東馬偕並不陌生，身為婦產科的主任，我當然也派過年輕的醫生來這裏過，他們回去都會報告感想和成果。醫生到這裏來會聽到最多的，當然是台東民眾的心聲，這些民眾對台東馬偕醫院的評語是好？不是很好？不好？很不好？

無論評語是哪一個，其實我想知道的只有：為什麼？

雖然台東是大家習以為常稱為「後山」的偏鄉，但我那時候注意到的是，台東不是沒有醫院，我說的是規模比較完整的醫院，雖然沒有辦法跟六都，甚至鄰縣花蓮相比，可是除了診所之外，綜合性醫院還是有七所，**但是醫院只是最大的硬體，醫療要完整，當然除了硬體還要有軟體，軟體就是醫護團隊。**

長久以來都差不多，只要是重症就往外轉，那你想要轉的話，到花蓮慈濟或是門諾，三個小時；到高雄不論哪一家大醫院，一樣要三個小時；很多真的是急症的病人，仍然堅持要轉，那在轉的過程中，比較撐不住的，也就來不及了。

這是急性的重症，那慢性的重症呢？對我來說，癌症就屬於其中之一。癌症病人一樣是往外轉，為什麼？因為硬體不夠，因為軟體不足，因為台**東民眾無法相信當地的醫療，而當地醫療的最後一道防線，不就是台東馬偕嗎？**

無論醫療多麼的進步，無論身體檢查的觀念多麼普及，不管檢查出來的結果，相較於之前，已經有多麼的樂觀，當被醫院確診，被告知罹癌時，相信在第一時間裡，沒有人是可以完全坦然接受的。

我說過，當初選擇婦產科，是因為這是一個會聽到「恭喜」，會聽到「歡迎再來」的科別，但沒有想到的是，上帝對我另有安排，我終究還是得面對醫療的有限、病人生死的大關。

尤其是癌症病人，那個情緒的起伏……這麼多年來，對於癌症病人來**說，病本身可能還不是最難面對的，最難面對的，還是情緒。**

* * * *

微創，學！達文西手術，學！新的東西出來都要學

那麼身為為他們動手術的醫生，就成了病人們第一時間的夥伴。很多人對於我五十七歲了，還去學習達文西機器手臂手術，並成為國內外知名達文西手術的學者及教官充滿了好奇，但對於我來說，卻是再自然不過的事情。

只要是對病人有利的，我都會不斷的去學習，一定要不斷的進步，微創，學！達文西手術，學！新的東西出來都要學，能夠找到對病人最適合的手術方式，我覺得才對得起信任我的每一位病人。

那是我到台東來的兩年前，也就是二〇一二年在楊育正院長大力支持下，經董事會同意投入大筆經費，總院購入達文西機器手術系統。

大家都知道，醫療器材的不斷進步，當然是醫療進步的第一步，但更重要的是使用的人，很榮幸的，我受院方任命為馬偕紀念醫院達文西機器手臂微創手術醫護團隊負責人，在各科的大力支持協助下共同組成醫療團隊。

同年六月我前往美國亞利桑那州鳳凰城的 Mayo Clinic Hospital 及內華

達州雷諾的 Renown Regional Medical Center，接受兩週嚴格訓練及實地手術觀摩。七月完成馬偕醫院第一台達文西手術，且在建構達文西機器手術系統完成一年半後，全院施行達文西手術達兩百多例。

這段期間我積極運用達文西系統來發展困難的婦癌手術，如子宮頸癌的根除性手術、生育能力保留子宮體的子宮頸癌子宮頸根除手術、子宮內膜癌的分期手術及初期卵巢癌的分期手術；也受到國內外婦癌領域醫師的注意，成為國內外知名達文西手術學者及教官，並相繼被邀請去專題演講及手術示範。

有了達文西，婦癌就一定可以得到解決嗎？當然不是。就像不斷、不斷的有病人會問：「醫師，我得了某某癌症，某某人跟我說，某某秘方可以讓我的癌症消失，我可以去試試嗎？」

這就是我說的心理層面、情緒層面的問題。我是西醫系統體制內的外科醫生，建議的方式當然就是手術，但我會不會完全杜絕病人接受其他的療法？不會的，我只會建議病人思考一下，如果這種療法真的有如此神奇的效果的話，那癌症不是早該絕跡了嗎？

所以我常跟病人講說，一旦妳得到癌症，是我的病人，沒有意外的話，

大概我們一輩子都要見面。

因為就算是妳沒問題，還是要固定追蹤，我盡我的力，絕對不會隨便開刀，隨便看一下，是盡全力的。但沒有任何一位醫生可以保證絕對不會復發，**所以一定要定期追蹤，這是沒有期限的。**

從得到癌症開始，我們就要一直照顧妳，包括一開始要不要告訴病人？或者跟家屬說，要怎麼說？我們有時候不敢講。這個和美國不太一樣，美國是病人一確定是癌症，就必須告知，什麼都要講清楚，但是台灣的環境不太適合，因為國情不太一樣，這時就只能和家屬講清楚。

＊＊＊＊

所以在醫病關係中，我常常也會有被救贖的感覺

有些病人一聽是癌症就慌了，當然是慌的，會馬上問：「醫生你剛才講什麼？」

才講個起頭，病人就慌了。**所以當我知道眼前是從看診的一般病人，**

變成癌症病人時，我一定都會問說誰跟妳來？因為要假設她根本聽不下去，或者根本已經聽不進去，必須要靠旁邊幾個家人或者朋友幫她聽，尤其是我的癌症病人很多年紀是比較大的，就要靠兒子、女兒、媳婦或甚至是孫兒在旁邊認真幫她聽，我碰太多了。我自己每一個癌症病人，雖然已解釋罹患癌症，但也要同時假設她根本聽不下去，還有聽下去可能會出現的最壞反應。

齊萱有親身經歷，但她也是在我們事後聊天時，才發現到**我說我們的病房窗戶都是不能打開的這件事。**

「好像是這樣，」她說她住院時並沒有特別注意這件事。「但是為什麼呢？」

因為人的情緒是最難掌握的，有的病人說自己承受得起，請醫生跟她本人講就好。結果一出診間，就發生跳樓的憾事，從此我們就多了一道防衛的措施。

還有萬一治療過程無法如預期中順利，又該如何陪同病人和家屬度過？這不只是我一直在學習，也一直在教我的學生。

身為醫生，我們要陪著病人，但是也要保持我們的理性，不能把自己

的情緒也賠進去，因為那樣是幫不了病人的。

印象很深的是我有位病人，看她情況一天天往下滑，我還是天天會到病房去看她，甚至到覺得抱歉，覺得很遺憾，因為她還是會走。

結果反而是她幫我打開了心結，有一晚，一樣是下班前，因為掛我門診的病人一直很多，總是要到比較晚了，才能到病房區去。

那一晚，她向我道謝，說得癌症當然不是好事，即便治療也不一定會好，就算暫時穩定，身體有時還是會很不舒服，可是因為有治療，至少知道自己大概還有多少時間，而這段時間就很重要，可以處理很多事情，這樣走了，一點也沒有遺憾。還說這一路上您一直幫我，您不要覺得沒有把我救起來，我還是快要走了。

每個人都會走，她說：「主任，謝謝你。」

所以在醫病關係中，我常常也會有被救贖的感覺。

回想自己從一個天真樂觀選擇婦產科的醫學院學生，到現在成為大家口中的婦癌專家，面對「台東，去不去？」這個問題。

我心中終於有了明確的答案，也原原本本的回應楊育正院長：「給我絕對的支援，讓我能夠為台東的民眾全心服務，我就去。」

於是，二〇一四年的五月，我未帶所謂的台北馬偕醫院婦產科班底，隻身一人，在太太的陪伴下，踏上了決心奉獻一己之力的台東。

好比說第一線的醫師端，開始的時候，醫生會覺得：為什麼要去開團體會議，我忙死了，我光看病人，加上開刀巡房……已經忙得不可開交，為什麼還要去開團會，我是沒事做嗎？

台東馬偕翻轉的契機——癌症團隊的成立

「有沒有家屬陪妳來？」這大概是我聽到王功亮院長問我的第一句話。

「沒有，我的直系親屬就只有七十五歲的母親，我是單身無兒的獨生女，什麼事情，都可以直接告訴我。」

****

而這一切，當然不是像童話故事般，彈指就有

那是二〇一九年三月五日，我從此深深牢記及感恩的，不只是主治醫師王功亮院長，還有第一時間來到診間外頭等待我的個案管理師張虹珠。

她微笑著上前自我介紹，語氣緩和溫柔，誠如她之後對我的印象，說我：「超級冷靜和淡定，醫院交代的事情都清清楚楚得聽進去，分分明明得記下來。」

我也覺得她身上自有一股安定病人的力量，讓直系親屬只有母親的我，在最關鍵的手術前後，乃至於後續至今，始終陪伴。

而這一切，當然不是像童話故事般，彈指就有。

在台東馬偕的大事記上，除了一九九六年八月二十二日的腫瘤治療科啟用進直線加速器外，似乎就很少再看到關於癌症治療的重大突破。

其實如同鴨子划水般，在王功亮接任台東馬偕院長一職的四年前，也就是二〇一〇年，有一次全院一級主管要去參訪盟院：彰基和嘉基。護理部主任報告當時的院長張冠宇說，院內已經有成立癌症醫療團隊的打算，所以要帶上她理想中的團隊主管人選張虹珠去看，院長答應，主任就把她帶上了。

「我去了就認真的看、認真的記，知道癌症團隊要成立有一個基本的概念。當然後來我還去台北總醫院受訓，看我們馬偕總院怎麼執行這樣的團隊。」

現在說來三言兩語，其實光是要不要接下這個任務，張虹珠心裡都有過掙扎，因為之前她做的是社區服務的業務，在社區已經走了十七年，很多人會說：「妳已經熟悉到閉著眼睛都可以做事，還到癌症中心幹什麼？」

可是就像二〇一四年五月，王功亮接任台東馬偕院長的願景之一，就是重症、尤其是癌症的在地留治率；張虹珠雖有猶豫，還是請主任讓她先回家與先生商量，隔天再回覆。

因為當時發生了一件事，給了她很大的衝擊，就是身邊有兩個很好的朋友，也是同事，同時相距不到一個禮拜，兩個同時檢查出得了癌症，都是非常好的朋友。張虹珠當下覺得大家都是所謂的專業人員，可是當自己或朋友面對這些事情的時候，自己在這方面的專業知識卻沒能給出辦法來。

一般照顧當然可以，可是真正當自己走到面對癌症這個領域的時候，張虹珠真確的感覺到是完全不一樣的。「我們可以陪她，可是我覺得我沒辦法陪她更多、更深，給她更專業的建議，因此當下受到很大的衝擊。

我把這個心情也帶回家和先生商量討論，他非常支持我，讓我更加相信這是我該做的事情，既然該做，就義無反顧。」

＊＊＊＊

台東真的需要腫瘤個管師，真的，需要這樣一個團隊

二〇一一年，以張虹珠為首，更精準一點的說，是前置作業期間，只有她一個人籌備、思考、規劃、找人和統合，忙起來的時候，甚至有關心的同仁會問：「妳是不是直接在院內搭帳篷睡覺啊？」可見工時之長。

「這個單位是從一人開始的，要從『沒有』到『有』，可是在主任告訴我時，我就知道台東真的需要腫瘤個管師，真的，需要這樣一個團隊，可以提供給在地的癌症病人完整的照護，所以我才會回覆主任說我願意去面對。我當然知道過程一定很辛苦，誰都知道無論什麼事，創始都是非常辛苦的。但是我只有想到台東需要，而且上帝給我這樣的一個

任務，祂就是希望把我擺在這個地方看到這裏的需要，所以當下我就決定接了這個任務。」

張虹珠從零做起，過程當中要找人訓練，要找地方辦公，還要建立團隊，最重要的是，上面一定要支持，沒有上面的支持是沒辦法做事的啊。

「當初要設立這個團隊的時候，我找了三位很重要的人來擔任團隊的主席，一位是副院長，一位是醫務室的主任，然後一位是科主任；上面一定要有『大人』支持，先找到重要的頭頭，我才有辦法做下去。」

那千頭萬緒的辛苦，如今都化為她臉上的笑容。

萬事起頭難，但張虹珠就是埋著頭，做就是了。有了上面主管的支持，下面才會跟著做，成立過程當中還是很辛苦，因為很多東西對大家都是新的學習，在學習當中要去磨合很多、很多的事情。

好比說第一線的醫師端，開始的時候，醫生會覺得：為什麼要去開團體會議，我忙死了，我光看病人，加上開刀巡房……已經忙得不可開交，為什麼還要去開團會，我是沒事做嗎？

第一年不只是她、不只是醫生而已，是團隊中所有成員，真的都是在水火之中，常常要去溝通。可是一年之後，醫師就開始跟她回饋了，說他們覺得院內有癌症醫療團隊真的很棒。

「有了這個癌症醫療團隊，妳看我的病人進到醫院來，面對的是很多的專業人員跟我一起，我們可以陪著病人一起討論，不是只有我一個人在面對我的病人，有各科的醫師、各科的專業領域人員，還有個管師會隨時注意我的病人的狀況。」

這是王功亮院長接任之前，在二〇一一年成立癌症中心的東馬，已經有頭頸、消化道和肺部三個癌症團隊在運轉了，有了這個基礎，當銜命而來的王功亮接任院長後，台東馬偕的癌症治療，開始有了不只是改變，而是翻轉的契機。

個案管理師只好一說再說，說真的啦，真的是我們主任要帶大家出去玩，妳會來嗎？就算當作被我們騙一次，來看看我們說的是不是真的，是不是我們主任真的要帶大家去玩。

〈第6章〉

不只改變 還要翻轉

「不是你們揀選了我，是我揀選了你們，並且分派你們去結果子，叫你們的果子常存，使你們奉我的名，無論向父求甚麼，他就賜給你們。」

這是約翰一五：一六中的話，也是我初到台東馬偕時，浮現心頭的一段經文。

因著神特別的恩典，祂揀選了我，讓我在基督教醫院服務，從渴慕福音真理進而認識主耶穌，最後蒙恩成為神的兒女。

＊＊＊＊

台東在整個台灣之中，不就是最小的一個弟兄嗎？

雖然已經時隔二十多年，但是我仍清楚的記得自己是在二〇〇一年十二月十六日於台北南門教會受洗，更從來不曾忘記當時胡茂生牧師的勉勵：「**要做良醫，而不是要做名醫。**」

這樣的叮嚀在日後接任台東馬偕醫院院長職位時，顯得格外重要。上帝的話語不但使我的信仰根基更加穩固，也讓我更加謙卑的學習，更加願意擺上自己，投入各樣的服事。

馬偕台東分院歷經一年半施工期，在一九八七年八月十五日正式竣工啟用，距離我二〇一四年到任，時光已經過去了二十七年。是台東縣境內唯一的一所區域教學醫院，我們也期待成為台東民眾最為完整的醫師照護網，**但實際上我們有沒有辜負台東民眾的期待呢？**

雖說民間普遍有一說：「先生緣，主人福。」如同基督徒相信上帝的安排，華人向來有緣分之說。**不過更加現實的，可能是人心的幽微。**

醫療是一門非常奇妙的行業，當人生病、尤其是生重病時，第一個想到的，當然就是求助於醫生，而且是越有名的越好，覺得自己越有希望得到完全的救治。

但是，醫生也是人，醫生不是神，加上台東地大人稀，馬偕醫院織就的防護網，是否能夠接住每一個需要醫療的病人，**更坦白一點的說，台東人生病時，是否始終信任馬偕醫院，或者只是急診時不得不的選擇？**是我擔任院長之前，多次過來支援時，就曾關切的議題。

我記得齊萱在二〇一九年的年底邀請我上她的廣播節目，事前給我的訪談題綱。到了約定的時間，我們不再是醫病的關係，而是採訪與受訪者，我笑著對她說：「妳的問題都很尖銳啊！」

才剛開始進行第一年追蹤的她，也迅速轉換角色，微微笑道：「院長，最尖銳的問題我可沒有問呢！」

她沒說，我沒問，但彼此應該都明白她所謂最尖銳的問題是什麼？而這個問題卻是在訪談的末段時，由我自己轉述某部落牧師的道謝時講了出來：「院長，我們要謝謝你。」

「謝我什麼？」

「以前我們部落的人都說，不要去馬偕啦，去馬偕都是直的進去，橫著出來。現在不一樣了，現在是躺在病床上急診進來，復原之後，可以直著自己走出去。」

齊萱聽了笑出聲來。「院長，這才是我沒有問，卻是台東人最想說、最尖銳的一句話啊！」

這只是一句粗略的總論，實際上，會有這樣的印象，是累積了太多複雜的案例和數據在裏頭。

好比說民眾生病之初，可能先到診所或者其他醫院，甚至直接就到外縣市就醫。痊癒了也就痊癒了，若是病情加重，或者經濟上不堪負擔，就會回到台東，台東馬偕十之八九會成為他們人生的最後一站，換句話說，**無論過程經歷過多少家醫院、多少位醫護、多少個曲折，讓他們最後通常是急診進來的台東馬偕，就責無旁貸的概括承受最終的結局。**

我知道很多同仁會覺得不平，會深感委屈，但我總會反過來想起了馬太福音二五：四〇所說：「我實在告訴你們，這些事你們做在我弟兄中一個最小的身上，就是做在我身上了。」

台東在整個台灣之中，不就是最小的一個弟兄嗎？

＊＊＊＊

我決定不只要改變，而且要翻轉這樣的無奈

我的專業既然在婦癌，首先注意到的也就自然是癌症，上任以後，我了解到台東地區癌症罹患率並非全台最高，但患癌症之死亡率相對於全台平均值卻高出許多，為什麼？之前我已經說過，台東的醫療或許和花蓮、高雄都還有段距離，但絕對不能以「不足」兩字帶過。**要比較籠統來說，**

也就是和一些並非大都會區的縣市一樣，問題的問題在「不均」。

這「不足」和「不均」牽涉的範圍還不只是手術、放射線治療和化療等設備而已，還包含了醫學知識和家庭經濟等等。一個已經人口老化，但平均餘命全國最短，一個已經少子化，但父母還往往必須出外就業謀生，隔代教養普遍的縣，碰上癌症，首先往往是拖，延誤了治療黃金期，再來就是兩條殊途同歸的路，一是勉強到外縣市求醫，但無論是病患本身，或者是擔負起照顧責任的家屬，都經不起除了醫療費本身，還要外加生活費用的磨損，終將回鄉；二是拖到不能拖才就醫，一樣都得飽受癌末的折磨。

這「最小的一個弟兄」難道沒有跟全國人民一樣繳同額的健保費嗎？

我決定不只要改變，而且要翻轉這樣的無奈。

首先，就是在二〇一六年起成立八大癌症專科團隊，命名為「東馬癌症中心」，並透過說明，由當時的台北馬偕總院長施壽全，指示調派人力南下支援東馬癌症中心，引進核子醫學充實治療設備，加強臺東地區癌症治療能力。

後續規劃，**我還有更大的願景，也就是對外募款籌組癌症治療大樓。**

這是個大願，需要大能，這些年來，我始終朝著這個標竿前進，相信上帝

引領著我，那定然能成。

假如問我，從台北到台東，民眾還不熟悉，對台東馬偕原本的印象又深，總歸一句，就是門診數起先一定大減，我會不會有失落感？

剛開始門診數確實有減少，但是怎麼會有失落感呢？又怎麼有時間失落？從台北馬偕婦科主任到台東馬偕院長，我常說自己幾乎算是台東最大企業體的CEO，員工近一千兩百人，已經不只是一位專長為婦癌的醫師，而是台東最大一間醫院的院長，但凡與醫院相關的所有事情，都是我的職責所在，必須綜觀全局。

但是千里之行，始於足下，一如我在台北馬偕婦科擔任主任時，即便每天門診病人數都是全國各地靠口碑口耳相傳，帶著報告轉診過來的一百多位，我還是想要為癌友多付出一點。不然為什麼在接近六十歲的時候還去學習達文西手術，並且成為國際級的教官？

成為全國各地婦癌患者求助的醫生之一後，我就常常覺得自己很不好意思，因為那個時候能夠分給病人時間實在不多，每次都只能就病情重點，就是很重要的地方，一定要讓病人能夠充分了解自己的狀況，可是我和大家一樣，每天的時間也就是二十四小時，**每次看到她們想要多知道一些的**

眼神，多詢問一些的表情，我無法停下的腳步就讓我的心一直牽掛著。

＊＊＊＊

絕對不要再一味的說，啊！我就是運氣不好

如我先前所說，一旦妳成為我的病人，照顧妳就是我一輩子的事情。所以不是只有手術的成功與否，癌友後續的追蹤維護，那是更需要意志力來堅持的。

罹癌，或者說得病的人，大家會說有五個階段，第一階段就是：「為什麼是我？」

這個問題，我實在沒有答案。

若硬要我說出個概略的建議，應該也就是一般人都知道的健康守則：生活規律、飲食正常、睡眠充足、適度運動，還有最重要的，心情愉快。

老生常談？確實。

知易行難？肯定。

癌症如同所有的疾病一樣，當然有天生的基因因素，有沒有癌症家族史，是重要的參考指標之一。

後天的因素，飲食是一大重點。控制體重是一輩子的功課，我自己也曾胖過，**現在我告訴自己，絕對不要再復胖，因為肥胖是眾多疾病之因。**

就以我的專業婦癌來說，身體已經出現狀況的，進入診間，我要是看到體型，多半能夠推論腫瘤是惡性的居多，所以預防任何疾病，包括癌症在內，**絕對不要再一味的說，啊！我就是運氣不好**；或者讓別人對已經夠沮喪的妳說：「這是妳的業，一定是上輩子種下的因，所以這輩子才會有這樣的果報。」

不是因為自己是基督徒，才希望大家不要有這樣的想法和說法，而是生病的人，心情都已經夠複雜的了，有很多的情緒需要處理，這個時候，需要的是鼓勵，就算病人一時之間聽不進去，也沒關係，默默地陪伴，或許比任何的言語都還要溫暖。

就是「陪伴」這個字眼給了我靈感。

一對一，我的時間或許不足，那麼訂個時間，把病友集合起來呢？術後和放射線治療或化療後可能會有哪些副作用，如何緩解身體上的不適，甚至怎麼度過心靈的低潮，是不是可以有個舒服的地點，比較長的時間，讓病友安心提問和交流經驗呢？

甚至，不是到醫院來，而是帶她們出去走走？

起先是利用禮拜六下午的時間，然後去訂會場，病友願意來，我們就利用這個時間好好的跟病人溝通，衛教或心理諮商都好，就是自在的交流。

有任何問題，都可以提問，關於開刀的、放射線治療的、化療的、飲食、復健等等，我來主持，請相關醫師來討論，後來參加者越來越多，但我發現還是有人走不出來，尤其是到醫院來，我覺得還不算走出來，我就說，我們到戶外去好了，包遊覽車，帶大家出去玩。

剛開始癌友都說怎麼可能？主任那麼忙，個管師是不是在騙人？

個案管理師只好一說再說，說真的啦，真的是我們主任要帶大家出去玩，妳會來嗎？**就算當作被我們騙一次，來看看我們說的是不是真的，是不是我們主任真的要帶大家去玩**。

結果我真的來了，真的陪大家一整天，而且我發現效果還真的不錯，尤其是對我們這種實在太忙，又想多照顧病人的醫生來說，**用比較輕鬆的口氣來說，就是售後服務還沒結束，還很長很長。**

＊＊＊＊

我的目標就是「急症立即處理，重症在地醫療」

我時常對心情已經穩定的病人開玩笑講說，我們和癌症病人、甚至是癌症病人家屬的關係是一輩子，所以照顧上很重要，我就利用這個方式補救，其實有點不得已，但確實效果也不錯。

我甚至會跟大家介紹說：這是五年級生（追蹤五年，快要達到五年存活率了），妳們要分組，負責帶四年級、三年級、二年級和一年級的，因為妳們是前輩。

當然也沒有辦法太密集地辦理，不過至少三個月可以辦一次，就算有時只有半天，只要願意出來一次，就會有下次。

主任這麼忙，都帶妳們出來玩了，一直這樣講，不是只有身體，還要帶心。我太太也曾經說，你這樣身體吃得消嗎？不過她也是最支持的，畢竟在結婚前，她就是護理師，是和我結婚生小孩後，才辭掉工作，專心帶兩個兒子，所以她能夠理解我想多付出一點的心意。

一開始我就說國標舞是我的休閒活動，也是保持體力的運動。對外科醫生來說，體力很重要，有時一台刀一開就是十幾個小時，有時就算時間沒有那麼長，但是一天要開好幾台刀，**所以我們都練就了中間換台的空檔，在手術房內兩個休息室的許多沙發椅上，坐下來就能睡的本領。**

外科醫生一定要有這個本事，不然會很痛苦，睡一下，就真的是一下，二十分鐘、三十分鐘，就是要這樣培養、訓練，增加自己休息的體力。現在有了達文西手術，可以坐下來，在電腦前操作，如此一來，就算是站不住的優秀醫師，也能繼續為病人服務。

回到受洗時，我得到要成為良醫，而不是名醫的那個叮嚀，實在是太重要了。「台東馬偕癌症中心」的成立，絕對不只是針對婦癌而已，而是涵蓋八大癌症，就像我身為院長，要做的事情也絕對不只是癌症在地醫療。**從一開始，我的目標就是「急症立即處理，重症在地醫療」**。除此之外，身為院長，還有很多行政工作要處理。

其實過去升上婦產科主任後，也就是要兼一些行政工作了，所以台東馬偕這邊的員工第一次看到我對福利社的招標過程那麼熟悉時，都很驚訝。我說我在陽明大學碩士學分班學的就是醫務管理，也曾經擔任工會幹部，只有參與行政工作，才知道怎麼樣來幫助員工爭取福利，我後來還做了三屆的理事長。

很多人對於換了位置，就換了腦袋這句話有負面的感受，甚至會粗俗的說屁股換了，腦袋就跟著換。記得之前我讀過一本書，書中描述有家虧損嚴重的公司，第一件做的事情，竟然就是高薪從外頭挖角CEO。

坦白說，當時我也不懂，直到當上台東馬偕院長，慢慢就明白了。**能夠綜觀全局的CEO，才能不只改變，而是翻轉局面。**

這正是我的願景，我的宏觀。我絕對不是要來當一個只要求總院給名車，頂著頭銜過水的院長。

如果要這些，我不必到台東來，在台北，可以更輕易得得到，**但那不是我的個性嘛，我要的是讓台東鄉親扎扎實實的翻轉印象**，就像那位部落牧師說的，也就是齊萱口中說的：「最尖銳的問題，我還沒寫進訪綱中呢。」的重點。

從「直的進來，橫的出去」到「躺著進來，走著出去」，我下定決心，一定要帶著東馬所有的員工向前衝，讓大家得到該有的肯定，並把榮耀歸於上帝。

台東馬偕癌症團隊，讓重症在地治療

在這些人當中，最了解病人的可能就是個管師，不用王功亮院長交代，台東馬偕的個管師在病人來看報告時，第一時間就會來到病人身旁。

「我看妳的病例，已經可以下床，行動自如，住院只是院長希望妳等切除器官的病理報告結果出來，對嗎？」二〇一九年三月十二日手術後數天，一位心理諮商師來到病房，這麼問我。

我回答說是。

「那妳要不要回家一趟？可以請假四個小時，回家看看？」

我望著窗外，靜默了半晌，然後輕輕地說：「我不想回家。」話聲一落，淚水便滑下我的面頰。

那是我心頭五十六年來的淤積。

＊　＊　＊　＊

身為院長，他還看得廣、看得遠，不會只看到眼前的東西

她靜靜陪著，沒有再催促，閒聊一樣的又談了幾句，並無多言，卻讓我見識到療心者，與醫身者的專業並無二致，且一樣重要。

應該說，整個癌症醫療團隊成員，對於患者，都一樣重要。

二〇一一年，台東馬偕正式成立癌症醫療團隊，王功亮二〇一四年來接任院長的時候，其實有一個很大的使命，就是要把台東的癌症醫療做起來，這是他最大的使命，不只是婦癌，而是要讓罹癌或者其他重症的台東民眾，可以在地治療。

就這樣，以原先三個團隊為基礎，陸續擴充，一共建置了婦癌、頭頸癌、消化道癌、肝癌、胸腔癌、乳癌、泌尿道、造血癌共八個癌症團隊，提供整合性的跨科別醫療，共同為病友提供高品質照護目標而努力。

張虹珠說：「如同我們一直知道院長是婦癌這一方面的專家，院長也知道我們在做的事情，所以非常支持。在他來的前三個月，他不是只有自己已是權威的婦癌團隊會議會參加，而是所有的團隊都參加，跟著我們一起開會。」

醫院的開會，不是在早上，就是中午；早上的會，王功亮院長一定會參加，中午的，只要他看完門診，不管下診的時間是不是已經過了用餐時間，也一定來參加。

八個團隊，不論哪一個，院長都會來參與，其他醫師看到自己的領域院長都來參與了，自己自然不用再個管師邀約，當然會到。那三個月王功亮院長真的就是這樣一個一個團隊，一個一個團隊參加，從他的專業領域、從他的經驗裏面和大家分享，也願意聆聽其他團隊面臨的挑戰和情況。

「大家看到院長投入了這麼多，看到每一科相關的醫師願意來參與，我們團隊就越來越團結，越有向心力，」張虹珠說：「而且他的參與是非常、非常深入的，絕對不是表面的浮光掠影而已。他看事情非常的仔細，每一件事情的檢討，院長都看得非常仔細，他會一直問、一直問，讓大家去想，當面對這樣事情的時候，你會用什麼方式去做，完成之後，背後還有什麼？院長讓我們所有的醫師了解到癌症治療不是只有一個、一個點、甚至不是只有一個、一個面，而是一個整體。讓我們看到一個很好的典範，這是我從院長身上看到的，覺得他很細心，除了認真堅持以外，他真的很細心。看每一件事情的時候，都會看得很仔細，不會說：『啊，這沒關係，就這樣過。』院長不會，在檢討事情的時候，他一定會檢討到最徹底。」

除了深入的「細」之外，身為院長，他還看得廣、看得遠，不會只看到眼前的東西。二〇一一年成立的三個團隊，在二〇一四年來東馬之後，擴充成八個，並在同年十月將5C病房規畫為充滿正能量的「向日葵」癌症病房，除了讓癌友接受有受過癌症照護訓練的醫療人員專業照護外，更提供病房身心療癒病友活動、心理師諮商及家庭協談。

就連「向日葵」這個名字，也是王功亮院長親自取的，延續自他在台北帶領的癌友團隊名稱，因為對著太陽，就有了溫暖，有了力量。

就這樣，個管師增加了，心理師增加了，可是即便增加，每個癌症治療團隊還是很忙碌：一個個管師可能要管好幾個個案，大概會負責兩到三個團隊。張虹珠覺得王功亮院長貼心的地方之一，是非常重視個管師。

每個人生病的時候，覺得醫護人員對自己而言很重要不稀奇，但其實一個團隊裏頭，絕非只有醫生和護理師而已。

一個治療團隊，可能會跨好幾個科別，以婦癌歸屬的婦產科來說，所有的醫師都要算上，兩名住院醫師，還有院長，醫師就可能有六到七個了，再來有放射腫瘤科醫師、病理科醫師兩名專師，接下來就是護理師、心理諮商師、個管師，別忘了還有藥師和營養師，這樣小團隊會有十幾個人，那些跨更多科別的大團隊，動輒就要二十幾個人。

＊＊＊＊

我不要這樣，我要的是我們台東馬偕真的有這個實力

但是在這些人當中，最了解病人的可能就是個管師，不用王功亮院長交代，台東馬偕的個管師在病人來看報告時，第一時間就會來到病人身旁。

罹患癌症對大多數的人來說，在被告知那當下，根本就跟五雷轟頂沒兩樣，腦袋常常是一片空白，已經不曉得接下來醫師講了什麼話，大部分人是整個混亂掉，最主要的還是情緒的波動，所以**個管師在當下會**

幫病人聽完醫師的治療計畫，情緒安撫也一定要先做，安撫完情緒再請她試著回述剛剛醫師講的事情，這樣可以知道病人到底有沒有聽進去，或者聽進去多少，沒聽清楚的部分，個管師就要再重複一次，跟病人說明剛剛醫師講的事情，讓她可以回去思考接下來要做的治療，以及要怎麼去規畫她的家庭，也許是孩子還在就學，那要怎麼讓家人可以幫忙分擔這些後續的事情，尤其台東的弱勢家庭占比，相對於其他縣市，確實比較多，更需要幫忙。

「我說院長看事情不但細，而且廣。」張虹珠說的是二〇一六年五月成立癌症中心，將東馬原有的癌症醫療資源整合，讓癌症醫療能更上一層樓。主要的任務為透過評估團隊溝通整合醫療資源、策畫執行跨院際合作照護機制、陪伴、支持病友與家屬，建制在地癌症病友支持網絡等服務，所以同年同月十二日還成立乳癌病友團體「康乃馨俱樂部」。十月再克服萬難，正式啟用核子醫學科，為的是提高放射製劑室之設置規格，利用同位素孳生器逐日汲取同位素，配合藥劑半成品套組調製成各種新鮮放射藥物，提供當日檢查使用。

回首自二〇一一年起，到二〇一六年年底，台東馬偕首度準備申請

「癌症診療品質認證」，在眾人難以想像的忙碌之下，所有的一切已經全部到位。有人說台東地處偏遠，資源相對少，審核單位「應該」會給予特別考量，只要不是不及格，讓東馬通過不是問題。

「但院長不這樣想，也從沒打算這樣做，他直接說：『我不要這樣，我要的是我們東馬真的有這個實力，我們真的可以憑我們所做的事情，真的做到的品質，是可以得到認證的，我們才會送件。』所以院長那一年就拒絕了。」從張虹珠不慍不火的口氣當中，我聽得出她是完全認同院長作法，而我聽在耳裏，則百感交集，有一個這樣為台東醫療品質把關的院長，不但是東馬的榮耀，也是還在追蹤期間的我的福氣。

二〇一七年一月十二日，醫院更名為台灣基督長老教會馬偕醫療財團法人台東馬偕紀念醫院，並在二〇一七年八月十五日，也就是歡慶三十週年院慶的前夕，衛生福利部通過了台東馬偕「癌症診療品質認證」，效期四年（二〇一七至二〇二一年）。

一般民眾可能只看到院長和癌症中心成員的笑容，因為那畢竟是衛生福利部委託認證機構國家衛生研究院，針對各醫療院所的癌症品質監測、癌症團隊、癌症照護等多項指標綜合而得的成績，是國內癌症醫療品質的最高肯定，卻不太可能會知道、甚至關心在這笑容之後，有多少孜孜不倦的汗水。

張虹珠再一次被朋友說：「我看妳去找個露營用的營帳來，直接在醫院睡好了。」

「但是辛苦的不只是我而已，院長是每一本病歷都看，我們每天都看到晚上九點、十點，所有的團隊一起看，那所有的團隊的人，還有院長，還有我們個管師逐本看病歷，我真的佩服院長，佩服他的精力和體力，妳可以想像他每天都要陪著所有團隊醫師看病例看到十點，然後隔天一樣早上八點開會嗎？就像今天我們看消化道團隊，同樣的事情，再重來一遍，他還是堅持跟我們一起看每一本病歷。」

今天？現在？

「是，認證一次的效期是四年，也就是到二〇二一年，前兩年因為疫情的關係，所以延後到明年，今年當然就要開始準備。」

不但身先士卒，王功亮院長總是不忘給予同仁鼓勵與支持，讓大家知道他看到了每個人的付出，是一個會跟同仁說謝謝，會回饋的院長。

「有一晚，院長因為有事情和我通電話，講完事情後，他問我：『妳還在醫院對吧！』那已經不是問句，而是肯定句，所以也沒有等我回答，他就說：『妳辛苦了。』」

雖是銜著要把台東癌症醫療「做起來」的使命而來，但身為院長，哪裡只會顧此失彼，在目前已經升任督導的張虹珠和我交換的眼神中，我們都知道，有王功亮院長在東馬的一天，一千二百位員工，不分職位和頭銜，每一位，都是與他一起為台東醫療打拼的重要夥伴。

每一位，他都由衷感謝。

我來台東，認識了大家都熟悉的「陳樹菊阿嬤」，別人看她這麼辛苦，還願意把錢一筆筆的捐出來，問她為什麼？她總是很簡單的說，這是台東人跟我買菜的錢，也就是取自台東人的錢，捐給醫院和學校，是能夠回報最多台東人的方式。

〈第7章〉尼伯特與達文西

二〇一六年七月八日清晨五時五十分登陸台東縣太麻里鄉。台東縣颳起狂風，東部沿岸和南台灣遭豪雨侵襲，台東最大陣風到達破紀錄的每秒五十七點二公尺，也就是十七級陣風。

其實在四點三十分時，平均風速已經來到了每秒二十五點三公尺，氣象站風力塔遭吹毀，隨著強風豪雨不斷增強，街上滿目瘡痍，大量房屋、屋頂損壞，被吹至飛脫的招牌、巨型廣告牌散落在路面，不少汽車被吹翻，甚至連火車車廂也遭吹倒。

尼伯特颱風共造成全台三人死亡，三百一十一人受傷。自來水影響共二萬四千八百二十九戶（處），電力共五十四萬五千六百九十六戶（處），市話共一萬一千二百七十三戶，基地台共二千一百一十三站受影響……

＊＊＊＊

天災，我們沒有辦法說不要

時隔七年，提起尼伯特，仍是相較於台灣各地，更不得不習慣颱風和地震不時蒞臨的台東人的噩夢。

我想要在此引用齊萱一篇在臉書上被分享近八百次的文章〈天災，我們沒有辦法說不要〉：

災後五日。

有人說：「既然是颱風經常光臨之處，怎麼招牌做得那麼大？怎麼颱風前不知道要綁好？怎麼那麼多鐵皮屋？還有那麼多的水塔？」

是的。

我是台東人，我的家鄉每年夏季一颱、二颱，甚至三颱，還要加上隨時都可能出現的地震。

我們不是不知道該防颱，我們只是已經習慣了在第一線擋颱風，真的是沒想到，這次的尼伯特這麼強，原來，也有我們難以承受的十七級風。

而如果，這個算是全國窮縣之一的人民，住得起兼具美感的好房子，誰願意搭鐵皮屋？誰又會為了招攬生意，把一個招牌做得比一個大？

災後五日。

有人說：「我一直認為當初農業單位推廣釋迦的決定是有瑕疵的，全世界只剩台東在種植，好的作物，不會全世界只剩台東在種。釋迦的投入高，回收卻一直被不易保存運送所限制。改種酪梨是一個好的開始。」

謝謝。

我知道說這話的朋友，完全出於憐惜的好意。

我家是農家，從地瓜、花生、甘蔗、木瓜一路種到釋迦，現在部分田地，改種酪梨。

種釋迦，真的很辛苦。從一朵花一朵花的授粉、疏果、套袋到收成，無一不需人工，而且它不能提早，也不能延後採收，而且，對，不易保存，除了鳳梨釋迦，根本無法外銷。

但是，從地瓜到花生，從花生到甘蔗，從甘蔗到木瓜，再從木瓜到釋迦。沒有一樣在一開始，不是為了勞動人力越來越少，而選擇改種的作物。

還有，在宅配興起之前，沒有一項作物，逃得過產銷過程中，生產者收得少，消費者買得貴，盤商是最大贏家的命運。

最後，我想知道，有哪一種農作物，是輕鬆可得的？又有哪一種農民，是不用「鋤禾日當午，汗滴禾下土」的？

災後五日。

隔天各報頭條盡是北部的炸彈客，再隔一天，有報紙頭條下標指稱台東群龍無首。

沒錯。

我們看到了行政院長七十分鐘火速勘災，看到起先說不驚擾災區，所以不會過來，後來又突然出現的總統。看到了政治場中的形形色色。

但是，我最想拜託的，是請要對我們地方政務指指點點的人先搞清楚，台東不是六都，台東的大家長是縣長，不是與鄉鎮同等級的市長，而縣長從頭到尾，都在台東。

在缺水斷電，孤立無援的風災當口，管他藍綠各路人馬各自發揮，民眾只想盡快恢復正常生活，不是誰的曝光率多，誰又能邀得中央首長來的口水戰。

災後五日。

幾乎各縣都已經趕來支援協助，街上處處可見國軍官兵年輕的身影，疲憊的臉龐。

感動。

我由衷感謝所有前來幫忙的人，也會收斂起自己的情緒，整理殘破的家園，安慰家中農務主力的舅舅和舅媽，並且努力恢復規律的生活。

想起朋友曾經說過的一段話：「如果，我們跟中央要什麼都要不到，那可不可以『不要』什麼？」

要不到充足的醫院，可不可以不要有全國最多的監所？要不到比較便利的購買車票管道，可不可以不要核廢料？

災後五日。

位處偏遠，人口稀少，多年來，我們已經知道不但想要的要不到，就算是不想要的，也傳達不到，面對天災，我們甚至連一句：「不要」，都無法出口。

那至少，是不是可以「要」一份沉默的支持、溫暖的鼓勵、擁抱的力道，和探望明天的期待？」

＊＊＊＊

災難，
最容易看出一個地方應變的能力

齊萱這篇文字讓我最有感的，當然是醫療的部分，她說：「要不到充足的醫院，可不可以不要有全國最多的監所？要不到比較便利的購買車票管道，可不可以不要核廢料？」

災難，最容易看出一個地方應變的能力，尤其是當人民受傷需要就醫時。

台東馬偕在馬偕醫院四個院區中的特色是：要落實作為地方後送醫院的角色，提升急重症醫療，對偏遠地區及原住民善盡醫療責任，提供全人全程完整之醫療照護，成為台東地區最受弱勢族群信賴的醫院、最佳的急重症醫療中心、服務品質口碑第一的醫院、及教學與研究之標竿醫院。

二〇一六年重創台東的尼伯特，成了這特色目標，乃至於目標之外的考驗，事後時任衛福部部長的林奏延，特別肯定本院投入救災及緊急救治受傷病人的能力，但是，**我也藉著這個機會檢視到任後的所為、應變時的能力、以及檢討不足之處**。

我對台東醫療現況的認識及了解，絕對不是從擔任院長以後才開始的，過去我就常到台東來，對於這裏的環境並不陌生。比如說各類癌症的罹患人口比例，為什麼口腔癌比例會特別高，和吃檳榔有著絕對的關係，只要往戒除嚼檳榔這個方向去推動，絕對可以把罹患的比例降下來。

這是台東民眾自己就可以做的努力，那麼我們身為醫護人員呢？很多人說，台東民眾很可憐，就算有了馬偕醫院，但是都是實習醫生的練習場，或是菜鳥醫生的實驗地，甚至是能力不是那麼好的醫生的安樂所，或者是老醫師的退休營。

真的是這樣嗎？

試問全國各地，哪些地方沒有以上說的四種醫生呢？

但是我們不是來和民眾爭辯的，要改變這些印象，一定要拿出實力和實例。

菜鳥要培養，沒人要找人，沒設備要添設備。

碰到困難，不是因循舊制，不是任由病人不斷的往外送，而是要想辦法把病人留住，而且是心甘情願地留住。

找到真的好的、適合的醫生，他們來了，發現自己的技術因為沒有設備而無法全力發揮，我就跟他們說，**需要什麼設備，只要你們覺得真的有必要，病人真的需要，我就去爭取，我去董事會爭取。**

從二〇一四年五月正式承接台東馬偕紀念醫院院長的職位起，我與整個醫院團隊同心協力，盡心付出己力，既然身為台東唯一區域級教學醫院，就是要擔負起這樣的責任，就算我們也是尼伯特的受災戶，還是要挺在第一線上。

從台東進入暴風圈開始，我們就繃緊了神經待命，在第一時間啟動「急診三三三」應變機制，除了原留守人員外，召回所有能到院的醫護人員約一百五十人，冒著強風豪雨返院投入搶救傷患行列。總計動員近四百人，是台東馬偕一九八七年立院以來，為大量傷患動員最多人力的一次。

後來統計，尼伯特颱風在台東地區肆虐期間，共造成三百多人受傷（到院前死亡二位），其中約半數都是送到台東馬偕，且以傷勢嚴重者居多，我們緊急救治了一百六十五位傷者，嚴重住院者十一位。

不過讓我最緊張的是院舍玻璃遭強風吹破、強雨灌注而致漏水，院區多處設施毀損，心導管機、核磁共振儀及血管攝影機也一度因滲水受損無法使用。

尤其是唯一的一台核磁共振機，一度當機四十八小時，讓我們所有醫護人員緊張到極點，所幸沒有重症患者因此喪命。

但是這已經夠讓我警覺到台北市二百三十萬人口，有四十三台核磁共振機、四十七台心導管設備；台東縣二十三萬人，卻都各只有一台。

一台。

在災害發生期間，我知道身為院長，絕對不能有一絲慌亂，否則第一線的醫護人員怎麼辦？受傷患者怎麼辦？心急如焚，要照顧傷者，又要擔心家園的鄉親怎麼辦？

＊＊＊＊

醫院也不是什麼慈善單位，都要有錢才能有最好的機會

如果說我還能有一絲的慶幸，那就是幸好我們平常都有演練，幸好我們的團隊夠全心盡力，幸好將所有的醫護都不斷地培養訓練這個想法，在我心中從來沒有懈怠過。

唯有自己帶頭衝，並且知道如何讓員工適才適用，在危急之時，才能發揮成果。但是設備呢？

就如上述統計數字而言，二〇一六年時，台北市二百三十萬人口，有四十三台核磁共振機、四十七台心導管設備；台東縣二十三萬人，卻都各

只有一台。

只要這一台壞了，當醫生需要用設備來幫病人醫治時，沒有設備，醫生醫術再高明，也無計可施。

我再次感受到上帝透過看似災難的方式，讓我領悟。

把人帶起來，把設備備起來，這就像是天秤的兩端，唯有天秤平衡，東馬才能續經營，台東民眾才有機會得到應有的照顧。

是，我想跟台東民眾說的，我不敢保證，相信也是所有醫護都不敢百分之百保證，生病了、受傷了，只要找到一位名醫，就能得到奇蹟式救治，完全康復，但是他們應該都有機會得到該有的照顧。

我來東馬三年時的二〇一七年底，醫院累積損益已經呈現四倍成長。

無論經濟情況如何，常聽人說的一句話就是：「醫院也不是什麼慈善單位，都要有錢才能有最好的機會。」

是的，醫院當然不是慈善單位，就如同我們醫生也不是神一樣。醫院是機構，如果沒有盈餘的話，就會面臨找不到醫護行政人員，也買不起先進設備的窘境，甚至是退場，到時候受苦的還是我們人人都會生病受傷的肉身。

但是醫院也並非全然的營利團體，有了收入，如果要我用最直接的話來表達，就是醫院賺錢，難道要放在口袋裏嗎？我說的當然不是個人的口袋，我的說是，難道要成為醫院的積蓄，就成為帳戶內的數字嗎？

當然不是。

我來台東，認識了大家都熟悉的「陳樹菊阿嬤」，別人看她這麼辛苦，還願意把錢一筆筆的捐出來，問她為什麼？**她總是很簡單的說，這是台東人跟我買菜的錢，也就是取自台東人的錢，捐給醫院和學校，是能夠回報最多台東人的方式。**

這也是我在二〇一九年五月二十七日迎接達文西機械手臂手術系統，開啟台東醫療新紀元的心情。

我記得齊萱是同年三月動的手術，在門診間我問她要不要動達文西手術，而且說明我一直都是陪著病人回台北，由我主手，按照過去案例，很快就可以下床出院，回到台東，正好趕上我週一的門診。

她不像有些癌症病人會猶豫，當我問她何時要動手術時，她只說了四個字：「越快越好。」我也想到如果當時院內就有達文西，她連台北都不必上去，可以如我祈願的在地治療。不過她從頭到尾堅持要動傳統刀，也一樣是在地治療。

儘管她的選擇並非達文西，但從她身上，我更堅定要引進達文西的決心，無論住院時間能夠縮短多少，舟車勞頓出外動手術就是一個負擔。

當時時任台東縣醫師公會理事長朱建銘，在我們啟動那一天的記者會上表示：這是台東醫學發展史上重要里程碑。

他說的是台東實際居住人口不到二十萬人，達文西機械手術系統造價上億，東馬引進注定虧錢，馬偕董事會卻願意支持我引進台東的爭取，就為了翻轉台東的醫療技術與水準。

＊＊＊＊

達文西手術為民眾提供傷口小、恢復快的手術新選擇

對於身為達文西國際教練的我而言，達文西手術為民眾提供傷口小、恢復快的手術新選擇；而對於手術醫師而言，達文西突破以往2D影像的微創形式，也就是一般民眾熟悉的內視鏡，而提供3D影像及三百六十度旋轉

的手腕操作，影像更真實手術更靈活，對醫師或對病人而言都有革命性的意義。

導入最新達文西機械手臂系統，讓台東鄉親在罹患癌症或其他適應症需手術時，**可以與北部西部一樣享有一個更好的醫療選擇，不需要到外地奔波**。不僅是台東馬偕精密手術技術的提升，更展現馬偕醫院持續照顧偏遠弱勢地區的使命，讓台東醫療大躍進。

當初向董事會爭取達文西時，我就說達文西機械手術系統已發展多年，在全球有四千台，台灣也已四十多台，台東要引進，就是要全新的第四代機器，我也在安裝完成後，隨即進行三次手術，院內醫師也分批受訓，一待熟悉，就可上線開刀。

因為除婦產科，達文西機械手術在一般外科、大腸直腸外科、胸腔外科、心臟外科，大腸直腸科、耳鼻喉科及泌尿科都可用得到。

達文西機械手臂系統到達的那一天，我親自去迎接，在台東馬偕醫院醫療團隊，以及台東醫界的見證下宣布啟動的那一天，更是在醫院外廣場擺放達文西體驗車，連續三天開放縣內醫界人士預約操作，一般民眾則可透過體驗車特製的玻璃櫥，觀看醫師操作過程，及參加闖關活動，了解這項醫療儀器。

我想讓台東民眾一起分享他們原就該能期待，該能擁有的醫療水準，我們可以一起來努力，而不是隨意就放棄。

「院長，您看您的笑容多麼燦爛。」在六月時回來追蹤的齊萱拿出她存放在手機內的照片給我看。

「妳有來？」我原以為她對自己沒有選擇的手術方式並無興趣。

「有啊，」她笑著說：「以後選擇達文西的台東人，也不用勞累您來回奔波了，對大家都好的事情，一定要來看看。」

雖然都戴著口罩，但是我們對視的眼眸中，都有著如台東藍天般亮麗的歡喜，相信台東的醫療可以越來越進步。

台東馬偕各式設備的更新，生命的延續

民間治病說：「也要人，也要神。」而台東馬偕，正朝著要人得有人，要器材得有器材的方向，不斷邁進。

「S先生家屬。」在手術房外等待多時的兒女急忙起身，手術時間已經比他們原先預期的長了一倍多。

「手術順利，我後來還是用內視鏡完成了，所以時間比較長，讓你們擔心了。」具備換肝手術技術的黃醫師這麼解釋著。

＊＊＊＊

姊姊再次對著他的背影鞠躬，知道這台刀多麼的曲折

S的兒女一謝再謝，姊姊提醒弟弟先打電話回家給媽媽報平安，然後兩人向醫生深深鞠躬，因為他們知道黃醫師昨晚動手術到將近凌晨，今天

又一早就來幫父親動切除膽囊，無論等一下是否還有排刀，現在都需要休息。

黃醫師唯一外露的雙眼隱含著手術順利的欣慰，再交代了一些事，便轉身離開，姊姊再次對著他的背影鞠躬，知道這台刀多麼的曲折。

父親是昨天辦理住院的，之前已經胃痛了一個禮拜左右，因為有膽結石的病史，所以到長期看胃潰瘍的診所看診，照過超音波，馬上就猜測到問題可能不在胃腸上。

「先掛馬偕的肝膽胃腸內科，我來寫轉診單。」診所的醫師說。

吳醫師看過之後，隨即安排檢查，並且請他們辦理住院。「膽囊嚴重發炎，光靠針藥已經無法處理，必須安排手術。」

「媽，您還記得爸十九年前也來看過吧？那一次是膽管阻塞，造成胰臟發炎，看來這是宿疾。」S的女兒告訴母親。

進入病房之後，掛上點滴，另一名醫師過來解說手術：「因為發炎的情況嚴重，勢必要摘除膽囊，越快越好，如果可以，希望今晚就能排到，要看主刀的黃醫師今晚的刀開到幾點，快的話，今晚就開，如果他下刀已經太晚，那就是明早的第一台。」

隔天一早，護理人員就來做進手術房前的準備，術前黃醫師還特地對家屬做詳細的解說：「考慮到病人有多重慢性病，心臟還有支架和心律調整器，最主要是他有糖尿病，平常又長期服用抗凝血劑，所以我們會用內視鏡來動這個手術，這樣只需要在腹部打三個洞，出血量少且傷口復原快；但是如果內視鏡進去，發現膽囊發炎的情況已經比我們預期的嚴重，那麼就有必要開傳統的L型大刀，而因為屆時我們醫護都在手術房內，沒有辦法再出來和你們說明，所以要請你們現在就簽同意書。」

隨著手術時間越來越長，這家人原本以為父親已經從內視鏡改成傳統大刀了，想不到黃醫師寧可用更長的時間，以他所受的精煉技術，最後還是用內視鏡完成了這項挑戰不小的手術。

術後送回病房，從切除的膽囊中拿出的結石大大小小共十餘顆，最大的甚至有一般米粒的兩倍大。

「不過事隔十九年，可以說病人本身已經很會保養了。」院方這麼說。

而病人則說：「很感謝醫生啊，在這麼複雜緊急的情況下，還是使用對我的身體最有利的方式處理。」

＊＊＊＊

沒有儀器，就像戰士沒有武器，如何上戰場？

「輕鬆多了嗎？」E小姐問她的伴侶T先生。「以後不要再抽菸了吧？」

病床上的T先生露出疲憊的笑容說：「謝謝妳。」

「欸，你只是裝了兩支支架，不是換心啊，怎麼嘴巴變甜了。」E小姐刻意輕鬆地說，但是眼眶已經泛紅。

「這次真的要感謝王醫師……」T先生沒有說完的，E小姐幫他補上。

「還有馬偕。」

他們同時想起了大約在東馬成立的十年後吧，有對友人夫妻來台東玩，先生是心臟內科醫生，聚餐時開玩笑地說：「東台灣的小姑娘個個年輕活潑，笑容燦爛。」

「那你什麼時候才要來我們台東懸壺濟世？」

「我醫術再好，也不會過來。」

「欸，你也太現實了吧。」

「你說對了，就是現實，不是勢利，而是現實的考量。我剛剛話還沒講完，你們台東人年輕時，男的精壯，女的美麗，和我上次看到的婆婆完全不一樣。」

T先生好奇他怎麼會想到了這樣的對比。

「上週啊，我接了一個病人，你們台東的原住民婆婆，他們家人開著你知道不可能是舒服的車，繞過南迴公路，四個小時，送到我們醫院，我用心導管手術，前後不到半小時就完成了。我覺得因為她是原住民，比較能撐住，我看換成你，心臟耶，恐怕在路上就走了。她為什麼要到高雄？因為你們沒有儀器。不是我謙虛，技術每位醫師都可以學，但沒有儀器，就像戰士沒有武器，如何上戰場？所以我就算是華陀再世，碰上同樣的情形，也會被視為庸醫，醫院一樣會被罵到臭頭。」

好友之間百無禁忌，快三十年後，鋒回路轉，台東有了新設備，有了優秀的醫師，最重要的是，他身邊有警覺性高的伴侶，否則真的要如朋友說的，他絕對撐不到趕赴花蓮或者高雄。

走路會喘已經有一段時間，也已經掛東馬心臟科做了初步檢查，並且排定心導管檢查看需不需要裝支架的日期，是E小姐看他睡不安寢且頻冒冷汗，堅持要提早一週掛急診。

就像一日之所需，百工斯為備。S和T兩位先生得以脫離險境，除了優秀的醫師，靠的是**東馬在一九九五年由婦產科引進，到一九九九年外科普遍使用的腹腔鏡手術**；一九九八年四月七日開辦夜診服務；二〇〇二年四月三十日心導管儀啟用，完成第一例開心手術；二〇〇五年六月三十日台東首例兒童開心手術順利完成；二〇〇七年十一月啟用高壓氧治療中心；二〇〇七年十二月十七日啟用六十四切電腦斷層掃描儀；二〇一〇年十月五日完成開心手術第一百例；二〇一一年十月六日啟用新心導管儀的同日，急診室也擴建工程動土；二〇一四年五月一日新建醫療大樓（恩典樓）啟用；二〇一七年八月二十八日新增第二台電腦斷層掃瞄儀（CT）；**二〇一九年五月二十七日引進達文西機械手臂手術系統並舉行啟用儀式**……

民間治病說：「也要人，也要神。」而台東馬偕，正朝著要人得有人，要器材得有器材的方向，不斷邁進。

〈第8章〉

急症立即處理，重症在地醫療

人同此心，心同此理，所以我對於願意來、願意留下來，還有已經在台東馬偕服務多年的醫生是全力支持，而且深入了解每一位的優點，找到最適合他們的位置，也就是適材適用。

二〇二〇年十一月七日，中華民國醫師公會全國聯合會暨第七十三屆醫師節慶祝大會假台北圓山飯店舉行。為鼓勵各地醫師博愛濟世的精神，每年都會由地方醫師公會推薦優秀醫師參與「台灣醫療典範獎」徵選。

這一年因疫情關係，全國醫療院所都緊繃神經，守護台灣保持全世界都稱羨的一塊淨土，特別增加了「防疫特殊貢獻獎項」。

＊＊＊＊

百感交集啊，百感交集

台東縣醫師公會以我致力於提昇台東重症醫療，並在防疫期間帶領醫院，在防疫布署、檢驗室的設置與隔離治療的準備上，皆讓在地居民感到安心，予以推薦，在這一次的醫師節慶祝活動中，分別從時任行政院長蘇貞昌及衛福部部長陳時中手中，獲得「台灣醫療貢獻獎」及「防疫特殊貢獻獎」兩項殊榮。

我開心嗎？當然；驕傲嗎？完全沒有；**感恩嗎？是的，滿滿的、說不**

盡的感恩。

比我個人獲獎更感恩的，是二〇二〇年，也就是同一年年末，馬偕醫院的外牆往下垂掛一幅五層樓高的藍底布條，上書：「賀本院通過重度急救責任醫院，區域醫院評鑑，教學醫院評鑑」

百感交集啊，百感交集。

在後來媒體的報導上，他們這樣寫著：「台東馬偕王功亮院長自二〇一四年從台北受派至偏鄉台東擔任院長，拋下在台北名媛貴婦指定要看的名醫身分，成為偏鄉醫療的領航者。

自上任院長後，**致力於台東馬偕「強化急重症、落實在地醫療」**的能力，終於在二〇一九年通過重度級急救責任醫院評鑑，維持各科二十四小時不間斷急重症守護。

而在癌症醫療的提昇，王院長以其婦癌專家之所長，帶領著全院團隊成立癌症中心，整合現有癌症醫療資源，於二〇一七年獲得衛福部『癌症醫療品質認證』肯定，使台東馬偕成為台東唯一通過認證的癌症醫院。在醫療團隊的努力下，癌症病友的留治率，由二〇一一年時的百分之三十二，提昇到二〇二一年的百分之八十三。幾年當中翻轉台東醫療，讓台東馬偕成為重症醫療守護者。」

其實哪有什麼「偏鄉」、「名媛貴婦」、「名醫」等等，這些字眼或曾在一瞬間閃過腦袋，但也只是一瞬間而已。

我常常想到的是我的幸運和感恩，而這些，都是台東民眾給我們機會，讓我們有貢獻一己之力的目標。

回想初來台東，我已經接近六十歲，相信很多人聽到這個數字，都會想：這是一位來過水的醫生吧？想要在退休前多加一個「院長」的頭銜。或者是：都快六十了，還是外科醫生，能留在台東多久？又能再開幾次刀？

大家能夠想到的疑慮，我自己怎麼會沒有想過？甚至想得更仔細、更周密，或者換個角度來說，是根本不用想得這麼多。

有句話說：人的終點，就是神的起點。

我要做的事情，外人看來好像很困難、很繁瑣，其實很簡單：就是要不要接台東馬偕醫院的院長職位。

一旦跟當初徵詢我意見的楊育正院長溝通清楚，決定要接任後，我的心思就變得再單純不過：向著神安排的標竿前進。

於是我未帶任何班底，一個人，只有太太為伴，來到台東馬偕。

台東馬偕為台東地區唯一急重症醫療中心與緊急後送醫院，自上任院長後，我就致力於台東馬偕「強化急重症、落實在地醫療」的能力，二〇一四年讓台東馬偕「緊急能力分級評定」評鑑從「有條件中度級」提升為「中度級且急性腦中風為重度級」。之後就是前述的二〇一九年提升為「全部重度急救責任醫院」。

這段路靠的是積極延攬各科醫師，包括如心臟外科、胸腔外科、大腸直腸外科等等到東馬服務，且不斷擴充重症設備如第二台心導管儀、核子醫學科單光子電腦斷層掃瞄儀（SPECT）、第二台電腦斷層掃瞄儀（CT）等，同時注重醫療品質之提升，二〇一五年使台東馬偕通過「醫院評鑑及教學醫院評鑑」，並評選為「優等」。

現在說來好像短短數語，極為輕鬆，背後的血汗付出，是馬偕全體員工的努力，而且如我所說的，我未帶任何班底，所以更精準一點的說，是台東馬偕全體員工的努力。

* * * *

我也確實找到了寶，所以更要想盡辦法留住他們

很感謝他們信任我，願意與我一起為台東民眾打拚。真的是「打拚」。我們就是一個很單純的想法，對我來說，這是上帝交託給我人生後半段的任務。台東本地出身的醫生，除了公費生，有一定要回鄉服務年限的義務外，一開始就願意返鄉的，其實不多，甚至可以說很少、很少。

這一點可以理解，回想我當年自高雄醫學院畢業後，不也是決定選擇婦產科後，就一心想進到這方面最負盛名的馬偕婦產科接受訓練，不斷精進嗎？

人同此心，心同此理，所以我對於願意來、願意留下來，還有已經在東馬服務多年的醫生是全力支持，而且深入了解每一位的優點，找到最適合他們的位置，也就是適材適用。

齊萱提到一個幾乎是大家都有的弔詭觀念，就是如果生大病、動大刀，第一個想法就是：我不要給菜鳥醫生，甚至是之前稱為「實習醫生」的新

手看，更不敢給他們動手術。

但是，所有的資深醫師，或者我們直接一點的說，所有讓大家連排隊等待都願意的、有經驗的，甚至稱為「名醫」的醫生，不都是從醫學院畢業後，考取醫師執照，看第一個病人之後，甚至是第一次宣告病人死亡時間後，開始一步步成長的嗎？

她說的沒有錯，但是在面臨人生重要關卡時，有幾人可以真正安心交託？

所以我的做法就是找人和留人。

這幾年，我也確實找到了寶，但正因為是寶，所以更要想盡辦法留住他們，也請他們跟我一起留住願意學習和磨練，讓自己也成為寶的後輩。

相信很多人聽過、講過「醫院傳說」之一，就是進了手術房，誰知主刀的還是不是你原本相信的主治醫師，你的身體有沒有可能成為練習台？

傳說終究只是傳說。

我要說的是，如同開飛機有正副駕駛一樣，所有的醫師都是要穩紮穩打的鍛練起來，而身為院長的我能夠做的，除此之外，還要能夠病患提供更新更好的硬體設備。

病人願意留下來，就是給我們機會，更多服務的機會，醫生要什麼設備，我們現在賺的錢，買得起，我就買給你，但你要留下來。硬體加軟體，做最好的發揮，給病人最好的服務。

現在我們不只是就急而已，我印象很深的，就是來台東遊玩的觀光客，在綠島潛水受傷了，急診送過來，要求整型外科縫傷口。不只救命、止血、治療而已，還要讓傷口復原得更好更美。

我們能不能給予這樣的服務？現在我們真的可以。

還有一個我常講的題外話，就是醫師要在台東存錢也比較快；絕對不是因為薪水比別家高，而是一旦醫療品質好，病人多，能花錢的時間就變少了。

這半是玩笑啦，**真的要感謝的，除了同仁本人之外，當然還有他們的家庭，尤其是另一半。**

往往，伴侶願不願意留在台東，是我們的醫療人員能不能留在台東的關鍵，畢竟家庭是基石。

我自己的家庭就是最好的例子，來台東時，我沒有任何班底，陪同而來的，只有太太。

很慶幸當時兩個兒子已經能夠自立，後來他們都進入了馬偕體系當醫師，我還是同樣一句話，選擇從醫這條路，一定要有愛心，至於選擇哪個科別，我這個做父親的人都尊重。

這有一點像他們的媽媽，我的太太早先看到我除了醫生本業外，還組織社團、還參加工會、還帶癌友出去玩，參與了許多行政工作，起先她也關切過，是「關切」，而不是「反對」。

後來她看我時間和體力的分配上都還可以，就全力的支持，包括一起來台東，照顧我的日常生活，讓我在工作上更加安心，沒有後顧之憂。

＊＊＊＊

只要院長帶頭向前衝，他們就跟上

尤其是前兩年的疫情期間。

其實早在確立普遍名稱為新冠肺炎突破防線，造成台灣大流行之前，我和所有身在醫療體系中的人一樣，就繃緊的神經，密切注意。

齊萱一定還記得，二〇二〇年十二月，她還在做每三個月就要回診追蹤一次的期間，我們在診間的聊天。當時全世界不少國家的疫情已經蔓延，但台灣相對平穩，她卻能感受到我的緊張，問我擔心何事？

「我想到跨年就頭皮發麻」我說。二〇二〇年十二月三十一日的台東跨年，之後根據統計，是當年度全國最火熱的一場，為什麼？因為天后張惠妹返鄉回饋，獨撐全場。吸引來的，當然不只是台東鄉親，而是全國各地的歌迷。

那麼多的人，雖然是在空曠的海濱公園，可是只要其中有人確診，群聚加上狂熱的嘶吼，我真的不敢想像台東成為群聚感染起點的後果。

所幸我擔心的，當時並沒有發生，不過也因為這場大型聚會，讓我對於疫情的防範更加戒備，平常院內的演習非但不敢稍有鬆懈，還更加要求大家要確實做到。

真的非常感謝所有同仁對我要求的配合，只要院長帶頭向前衝，他們就跟上，工程雖然龐大，但始終有序。

這樣的訓練，在尼伯特時發揮了作用，在疫情時更是成為台東的最後一道防線，更別提幾乎已經是我們日常的多項努力。

我們要搶命、治癌、救心、新技、紀錄、離島、偏鄉，護肝、點燈和基本就病權。

自一九八七年創院，八月十五日啟用當日，急診服務即同步啟動，三十五年來，一年三百六十五天不打烊，晝夜不停歇。在這醫療的場域裏，救護車日夜穿梭，急救擔架時上時下。不僅是台東人在半夜身體不適的去處，也常是親人與生命拔河的地方。身為台東唯一的區域級醫院，本院急診的服務量占全台東的五成，加護病房占七成，為台東重症主要照護醫院，也是本縣唯一新生兒、兒童加護病房及極低體重早產兒照護中心。

透過醫中計畫和縣府計畫協調各大醫學中心支援台東醫療人力，補齊急重症醫療最需要的科別，包括：急診、加護病房、胸腔外科、眼科、婦產科、兒科及整形外科等醫療人力，並配合醫院現有臨床科以維持各科二十四小時不間斷急重症守護。

多年以來，台東重症病人外轉一向是最大的醫療缺口，二〇二〇年終於有二位心臟外科醫師一起服務，讓台東的主動脈剝離急症醫療更加穩固，至二〇二一年，心臟外科急症已達到零轉出的成績。

救心這方面，除了心臟外科，本院自二〇〇二年設立心導管室以來，急性心肌梗塞，需要做心導管手術的病人再也不用離鄉背井，遠至花蓮或高雄治療，可以得到立即的治療，大大地降低因轉送治療而產生的風險。二〇〇四年起成立的「立即性心導管小組」，更是為了搶救急性心肌梗塞病人的黃金治時間。一年三百六十五天二十四小時隨時待命，二十年如一日不曾間斷，提供在地民眾最好的生命保障。

心導管團隊從無到有，至今已有心導管儀二台及心臟血管加護病房十床，提供的治療技術服務已媲美西部大醫院。根據統計，台東地區心肌梗塞的死亡率從創業至今逐年遞減，目前已達國際水準的百分之二。

說到治癌，當然不能只專注在我的專業婦癌上。台東縣癌症標準化死亡率高居全國第一，所以自二〇一四年起，我致力延攬優秀醫療人才，投入癌症醫療，並陸續成立頭頸癌、消化道癌、胸腔癌、乳癌、婦癌、泌尿道癌症、血液淋巴腫瘤、肝癌共八大癌症多專科團隊，提供整合性的跨科別醫療團隊，執行各項的癌症手術及治療。

二〇一四年十月就將五十病房規畫為充滿正能量的「向日葵」癌症病房。病房中除了讓癌友接受有受過癌症照護訓練的醫療人員專業照護外，更提供病房身心療癒病友活動、心理師諮商及家庭協談。為提昇癌症治療品質引進各項新技更是不遺餘力，如上述所言，罹癌病友的留治率到二〇二一年，已經提高到近九成。

但也誠如我一直強調的，數字只是量化的簡易表現，**我真正在意的是癌症病人不用再長途跋涉至外縣市就醫**，因為每一位台東病人的縣外就醫，就代表著至少一位家屬，甚至是整個家庭要到他們所選擇的外縣市陪伴就醫，那對平均所得大約都在中等範圍的台東民眾來說，實在是不小的負擔。

既然說到經濟，雖然有健保，但是治病依然需要錢，治大病有時尤其需要大錢，對病人如是，對醫院也一樣。

為什麼對醫院也一樣？誠然，醫院不是以賺錢為目的的企業，但醫院也絕對不是全然免費的慈善機構，我們必須有盈餘，才能不斷聘請醫護，添購醫療設備。雖然處於外在因素如勞基法，及內在因素如恩典新大樓攤提費用及人事成本增加等不利環境下，醫院仍在穩定中迅速成長。現在比起我到院擔任院長時的二〇一四年前幾年院方年累積損益已經有了五倍的翻轉，讓我們得以運用在聘請「工欲善其事」的醫護人員上，也用在他們新技所需「必先利其器」的設備上。

＊＊＊＊

要是碰上氣候不佳，那真是「離島」服務變成「關島」滯留

有新，也要念舊。

在馬偕醫院的發展史上，最響亮的名字，當然是醫院之名的由來：「馬偕牧師」。但這一路行來，比較不為大眾所熟悉，卻為台灣，尤其是台東奉獻的神職人員比比皆是。我們在二〇一五年恩典樓九樓就啟用的「馬偕、李庥宣教故事牆」中的李庥牧師，便是其中一位。

除了讓員工對醫療傳道到台東更有歷史感及認同之外，若有外訪的賓客，也可以更了解馬偕牧師及李庥牧師之醫療傳道精神，達到醫療、宣教及觀光之目的。

此外，台東縣地理環境有兩個特殊點，一個是有兩個小島。平時是觀光上的亮點，是台東外海上的兩個顆小珍珠，可是一旦發生傷病意外，往往求助無門。除了常駐的衛生局醫護之外，在目前無論是評估，或者實際面上的考量，都暫無設置綜合性醫院的預算與可能情況下，為了貫徹本院

不忘弱勢，心繫偏鄉和離島醫療的使命，東馬責無旁貸，與健保署合作山地和離島的醫療計畫至今已二十四年。

一九八八年起，台東馬偕即成立巡迴醫療隊至各偏遠地區進行義診多年。一九八八年起與中央健保局東區分局合作開辦「蘭嶼綠島醫療改善計畫」。二〇〇一年七月、二〇〇二年十一月配合中央健保局更名為蘭嶼鄉、綠島鄉 IDS 計畫，每月一次的專科醫療增加為二次。二〇〇九至二〇一〇年綠島、蘭嶼專科醫療分別增為每週六、日進駐。二〇二〇年起綠島鄉於六、日專科診外，另增加假日值班服務。

為了讓每次的任務可以如期完成，我們徵召本院及全國各地優秀專科醫師加入，讓人力得以順利補足。而每一次的進駐對醫護團隊而言都是一個沉重的負擔，不僅要克服小飛機飛行的恐懼，也要面對與本島迥異的天氣變化，更要調適在外看診的不便；要是碰上氣候不佳，那真是「離島」服務變成「關島」滯留。但因對當地民眾的健康帶來實際的助益，對工作人員而言，無論飛過多少海哩都不是負擔，而是一項使命。

另一個特殊點就是台東縣幅員真的是廣大，所以**我們持續推動「點燈計畫」，提供台東縣偏鄉多項服務。**

第一是本院偏鄉護肝醫療服務隊，自二〇一六年六月起至台東縣各偏鄉部落，進行每年四場次「腹超及肝炎篩檢、肝炎防治衛教」，至今已服務二十八場次二十八個村里，為一千零六十八位民眾檢查及衛教。

這個自發性主動出擊將護肝醫療送到偏鄉的團隊，是由本院白明忠副院長召集一群熱心服務的醫師、護理師及員工、志工約十名，每季搭乘巡迴醫療車，不辭辛苦、不問酬勞深入台東偏遠鄉鎮，為民眾提供腹部超音波及肝炎抽血檢查，解決了民眾就醫不便的問題，也及時將篩檢出異常的病患轉介治療，並將正確的肝臟保健觀念深植民眾心中。以預防醫學出發，為就醫不便的偏鄉民眾，提供從預防診斷至治療一系列整套的可近性服務。

雖然每一趟的護肝之旅，檢查場所皆非常克難；但一步一腳印，護肝救人的工作就在一點一滴中累積。

再來是溫暖獨老的胃。

台東縣市老年人口比例為百分之十八，而獨居老人數量約占全台東縣市老年人口的百分之六點三，遠高於全國平均值百分之一點一。有鑑於台東縣政府目前針對獨居老人僅可提供週一至週五每日一餐的送餐服務，本院為補足假日送餐服務的不足，在二〇〇八年四月點亮希望樹以來，啟動弱勢銀髮族假日送餐計畫，並由醫院員工率先發起募款，設立「弱勢銀髮族關懷基金」，於每月薪水中部分提撥作為關懷基金，也吸引許多公益團體熱烈響應及認養。

二〇〇八年度先從蘭嶼鄉、綠島鄉、金峰鄉及長濱鄉開辦，二〇一〇年起陸續增加為十一鄉鎮。實施多年後，目前有台東市、大武鄉、達仁鄉、金峰鄉、東河鄉、蘭嶼鄉六鄉鎮共二百四十三位長者接受此服務，雖然路途艱辛，難免步履蹣跚，但是我們仍要將愛送到在有需要的地方，繼續點亮燈火，讓獨老在假日也可得溫飽。

＊＊＊＊

上帝有愛，人人有權，這權，包括就醫權

最後一項可能是大家最不會、甚至最不想觸及，但是若進我們醫院，時常會碰到的關懷對象，就是技能訓練所成員。

上帝有愛，人人有權，這權，包括就醫權。本院自二〇一〇年十二月

起承接泰源技能訓練所的醫療支援計畫，每日派出醫療服務團隊，將專科醫療送入矯正機關，提供篩檢、診療、防疫等服務，讓收容人與一般民眾相同，享有全面性及專業的醫療服務，至今已屆十二年。

泰源技能訓練所是台東最大的矯正機關，收容人數近一千五百人，監所位於距台東市區約六十公里的偏遠山區。每日醫療團隊必須開車從台東到東河鄉，再轉入位在山區的泰源村內，車程需一個小時；而醫療團隊看完診，又須開一個小時回到醫院。路途雖遙遠，看診之路雖艱辛，但醫療團仍風雨無阻全年無休。

本院配合收容人之醫療需求，提供了：定時專科門診駐點、處方連線給藥、檢驗及時回饋、定期全面健檢、轉診服務、住院服務等。

每日派出醫療服務隊於技訓所駐診，共提供十一個專科門診，有需要回醫院進一步繼續追蹤檢查者即予以轉診；若疾病嚴重需住院者，則收治於醫院專設的戒護病房，與一般民眾一樣享有從門診至住院全面性的醫療服務。

就像 COVID-19 的疫苗，人人都有權施打。

回想起這場世紀大疫，我前面說過，二〇二〇年底的跨年晚會，是我擔心的時間點，因為當時自二〇一九年底被首度發現的 COVID-19 病毒從二〇二〇年初就迅速擴散至全球多國，逐漸變成一場全球性大瘟疫。

在疫情一波波擴散，我們一波波力防的情況下，台灣終究還是在二〇二一年五月失守。疫情變得嚴峻，台東也隨後淪陷出現病例，二〇二二年起疫情延燒造成全民恐慌。

為因應來勢洶洶的疫情，三年來本院配合中央疫情指揮中心的政策，實施進行出入口的管控，及 TOCC 的掌握追蹤，並運用醫院的檢驗資源建立 COVID-19 的專用實驗室；除了成立戶外篩檢站，並釋出急性病房，成立及五十三床專責病房及十床專責加護病房，成為台東收治 COVID-19 重症的醫院。

另配合衛生局支援大型疫苗快打及常態疫苗專診，也負責台東加強型集中檢疫所。為了防疫全院總動員，身著厚重的防護裝備，在戶外、在病房、在醫院各角落中，有的頂著赤熱太陽，有的冒著隨時染疫的風險，在最危險的時刻、在風險最大的場域，我們同仁堅守崗位，如同百年大颱尼伯特之時，放下家人，全部趕回醫院救助台東鄉親。

可是與尼伯特不同的是，我們並不知道 COVID-19 之疫，也可以說是

COVID-19之役要奮戰多久，只能不斷、不斷的以「我們是台東最後一道防線」來鼓勵自己，為台東民眾健康，奮力打這場世紀之戰！

是的，在這場疫情中，如同東馬成立三十六年來，面對每一位來求助的病患傷者一樣，秉持「哪裏有需要，就往哪裏去」的信念，願以肉身，在上帝的庇佑下，築起台東最後一道防線。

More to see

但願無人燃燒得獎，只願日日平安

誠如王功亮院長所言，個人獲獎，都是恩典。要真正翻轉台東馬偕在台東人心目中印象，靠的絕非個人的獎項，而是他念茲在茲的癌症與急重症治療的認證。

第一次認識醫療奉獻獎，是為了讓台東基督教醫院繼續存在不熄燈而書寫募款，才知道自己筆下那些協同會的外籍醫護人員飄洋過海而來，奉獻了青春，幾乎一生最精華的時光，都在一九六九年設立的東基中度過。

以台東人暱稱「譚爸」的譚維義醫師為首，東基最早的一批外籍醫師或護理師個個得獎，「無私」、「奉獻」、「忘我」、「離鄉」等等，成了我對這個獎最初的印象。

按照這個標準，如果馬偕博士在國家設立醫療奉獻獎時仍在世，肯定是掄獎之人。但是如同王功亮院長一樣，想必也會是覺得個人得獎與否，遠遠不及集全院之力，守護民眾健康來得重要吧？

＊＊＊＊

台東對醫療的需求之殷，實難用三言兩語來形容複雜的情

以我一個單純是台東人的立場來說，當時的想法就是：越多的醫療奉獻獎獎落台東，雖表示有越多充滿愛心的醫生，卻同時象徵了台東對醫療的需求之殷，實難用三言兩語來形容複雜的情。

不過隨著台東馬偕的設立，有著台北總院的支持，台東人終於可以開始倚賴、或者說正常的、平等的期待與要求獲得自己國人醫術的治療，而不是如仰望奇蹟般的企求犧牲般的醫療奉獻，這樣的獎項，也才真正成為了對融入台東在地醫師的鼓勵和肯定。

■鄭福信副院長

一九九一年十二月，鄭福信副院長榮獲第二屆醫療奉獻獎。在台東

馬偕起造之初的一九八五年，坦白說，少有人願意下鄉，台北馬偕遴派時任台北新工室主任的鄭福信，來台東馬偕擔任行政管理副院長。負起台東馬偕醫療大樓籌備、建造之責。

鄭福信副院長和太太盧營養師，帶著三個小孩因著使命移居台東，真真切切的監督著大樓由一磚一瓦在平地上建造起來。雖肩負沉重，但身為基督徒的他，時時秉持《羅馬書》15：12「我立了志向，不在基督的名被稱過的地方傳福音，免得建造在別人的根基上。」希望在台東展開醫療傳道的事工。

就藉著這樣的信心，鄭副院長無畏萬事起頭難，不但讓東馬啟用後面臨的資訊、工務、管理、資材等所有行政系統一一到位，克服了在全台都欠缺，台東更是召募不易的護理人員不足這個當時最大的困難，協助醫院在成立五年之後，一切運作皆可上軌道，得到民眾的肯定。更值得一提的，是鄭福信在醫院管理之餘，長期投入「晨曦會」的服事，向有心戒毒的年輕人講道，也以自己的經歷與「晨曦會」的朋友分享，期待他們遠離毒害，迎向新生活。

張冠宇院長

要再過了二十年後的第廿二屆，東馬才在二〇一二年九月十四日由張冠宇院長獲醫療奉獻獎。

張冠宇醫師對台東的情感，絕對不只二〇〇二至二〇一四間曾任東馬三屆院長之職的頭銜而已。早在一九八三年即響應前往支援台東縣蘭嶼鄉衛生所服務一個月，陸續參與支援「台東縣成功鎮群體醫療執業中心」及當時的省立台東醫院的醫療合作計畫。

台東馬偕設立之初，人才欠缺，迫切需要醫師等專業人員的進駐服務，**張醫師自願偕同夫人復健科黃醫師在台東落地生根，投入山地偏遠部落巡迴醫療服務，踏遍台東各偏遠角落**。一九九九年擔任醫務主任期間，鼓勵院內醫師支援「蘭嶼鄉、綠島鄉醫療改善計畫」，使離島的醫療支援政策得以順利上線。一九九九年九二一地震南投受創嚴重，立即派醫療團隊前往支援，展現同島一命的精神。

在擔任院長任內，經歷 SARS、海棠及八八風災危機，皆能因其準備得宜，與地方民眾或災區居民安然度過危機。於二〇一四年五月交棒王功亮院長之前啟用「急重症醫療大樓」，更是將台東醫療推向新里程。

白明忠副院長

四年後的二〇一六年十月一日，白明忠副院長獲得第廿六屆醫療奉獻獎。

雖然東馬大樓外牆上，高高掛著十字架，但**許多台東人私底下都暱稱白明忠醫師為土地公**。他有感於蘭嶼鄉民特殊的民族性及飲食習慣，容易導致胃腸肝膽疾病，且多數病人因交通不便，無法到台東看診做檢查，導致病情延誤，於是從一九九八年起便帶著胃鏡及腹部超音波等醫療儀器進駐島內，深入四個村落，在鄉公所、學校及教會，為鄉民進行免費檢查，成為「蘭嶼胃鏡先鋒」。

對於無法前來看診的獨居老人，白醫師總是親力親為和護理人員至病患家中診治，對蘭嶼鄉民首度做幽門螺旋桿菌之篩檢，陽性個案給予藥物殺菌治療，以降低幽門螺旋桿菌造成之十二指腸炎、潰瘍和胃癌的發生，五年內約檢查八百位蘭嶼鄉民，一旦發現病灶立即治療或轉診。

二〇一六年六月起，更把這種精神帶至台東縣各偏鄉部落，自發性主動出擊，召集一群熱心服務的醫師、護理師及員工、志工約十名，每季搭乘巡迴醫療車，不辭辛苦、不問酬勞深入台東偏遠鄉鎮，進行每年四場次「腹部超音波及肝炎篩檢、肝炎防治衛教」，至今已為數千位民眾檢查及衛教。

真不愧其土地公之名。

游昌憲醫師

而最新的醫療奉獻獎得主，則是二〇二二年十月二十二日獲此殊榮的小兒心臟科游昌憲醫師。

游昌憲醫師是台東縣唯一兒科心臟科，十八年來獨力守護台東地區兒童及青少年心臟。自二〇〇五年起陸續完成一百例心導管手術，並在總院心臟外科主任的支援下，完成二十例的開心手術，也創下台東地區開心患者最小年紀出生僅一天與體重最輕二公斤的紀錄，精湛的醫療技術，使心臟病童及家屬不需再遠赴外縣市求醫受奔波之苦。

除了治療，為早期發現先天性心臟病，游醫師更積極推動偏鄉學童心臟篩檢計畫，每年至十六鄉鎮、一百多所中小學進行三階段篩檢，以期找出隱藏之心臟疾病，至今已進行了十八年。

自二〇二〇年開始，再與台東縣政府教育處合作，針對全縣國小四年級學生，推行「臺東縣學童高血脂症及高尿酸血症之篩檢計畫」，以期降低日後台東縣民早發性心血管疾病的發生。

身為東馬兒科主任，游醫師為台東的兒科醫療可謂盡心盡力，讓東馬成為台東地區兒科次專科較齊全的醫院，設有新生兒及兒童加護病房，並實施「經心導管早產兒開放性動脈導管關閉術」、「低溫療法」等急重症照護，亦為台東地區第一型糖尿病童的主要照護醫院。

為了提昇台東地區兒童醫療水準，於二〇一七年遠赴美國費城兒童醫院進修一年，將全球先進技術及治療觀念引進台東，其中的心導管關閉術，至今已成功關閉十例心房中隔缺損症，近年來持續發展 Cardiac MRI 在兒童心臟病的運用及發展小兒神經科，進行台東縣兒童代謝症候群研究，全面提昇台東兒童醫療。

醫療奉獻獎只是東馬醫護、甚至是行政人員或團隊所得的獎項之一，誠如王功亮院長所言，個人獲獎，都是恩典。要真正翻轉東馬在台東人心目中印象，靠的絕非個人的獎項，而是他念茲在茲的癌症與急重症治療的認證。

除了二〇一七年八月十五日衛生福利部通過了東馬「癌症診療品質

認證」，效期四年（二〇一七至二〇二一年）外，就是二〇一九年十一月二十八日通過的二〇一九年度醫院緊急醫療能力分級—重度級急救責任醫院評定，效期四年（二〇二〇至二〇二三年），以及二〇一九年十二月三十日通過的區域醫院評鑑及教學醫院評鑑，效期一樣是四年（二〇二〇至二〇二三年）。

這是進入醫學中心的兩張門票，雖然東馬不是醫學中心，可是身為台東最大的醫院，已經可以等同於類似準醫學中心。

而這樣的肯定，正是王功亮院長十年來傾本身與全院之力，所想要留下，也想要續走榮神益人的完美腳蹤。

結語

在台東馬偕的三千天
華麗轉身

我醫學院一畢業就進入馬偕醫院服務，
可以說是永遠的馬偕人。
很景仰醫院創辦人馬偕博士所說：「一切都為基督！」
立志來台奉獻之「寧願燒盡，不願銹壞」的精神……

二〇二三年九月四日星期一，是海葵颱風在前一天肆虐台東後的第一個正常上班日。

九月三日下午海葵雖然是在台東縣東河鄉登陸，而且進入台灣之後速度不慢，不像大家難忘的十七級風的強颱尼伯特打轉三個小時，可是瞬間強風依然曾高達十六級風，導致我們院方機車停車場邊的一棵大樹連根拔起，一度橫過整條長沙街路面。

雖然不若尼伯特嚴重，可是颱風登陸，哪有完全沒有災情的僥倖。就如同人一生病或發生意外一樣，只要是發生在自己、自己所愛身上的，無論大小，都是關心則亂。

＊＊＊＊

所以幾年下來，她已經學會不用搶頭香

颱風天後的醫院，有什麼不同？其實天氣日日不同，就像我們隨著接觸病人的不同，經手工作的相異，天天都是不一樣的挑戰。

台東馬偕看診時間，除非有醫師自動提早，否則一律都是從上午九點開始，我也做好準備，展開十年如一日的工作。

不過我的病友比其他科別的要特殊一點，尤其是回來追蹤的癌友。齊萱就是已經深諳門道的其中一位。她知道我因身任院長，難免會有臨時的行政業務要處理或者決斷，所以在掛號上，她不會想要搶在越前頭越好，因為有時即便是掛到第一號，還是得等。

為什麼得等？不是有「副駕」，也就是跟我診的住院醫師會到嗎？**那是因為我動手術的病人，我都堅持要親自看診**。

所以幾年下來，她已經學會不用搶頭香，如同她做的追蹤一樣，按部就班，保持平常心，而我總是囑咐一邊要照顧自己，一邊還要長照母親的她：「妳要快樂。」

信賴我的她，不論日子怎麼辛苦，也總是會盡力微笑著說：「好，院長。」

週一、三和五，上午是我看門診的時間，雖是上午的診，但通常都要看到下午兩點前後才會下診，能夠早一點的話，就可以有一點三十分到兩點三十分一個小時的午餐時間。

我知道有很多同仁甚至要看到更晚，但這就是醫生的使命，逢週二和週四，我更是「單純」。

週二上午八點至八點三十分，我照例必參加員工禮拜，八點三十分開始，就進入手術室，一直到下午五點三十分完成最後一台手術為止。

週四可能更早，從上午八點起，就開始執行手術到下午六點。

開始的時間可以排定，完成的時間就只是參考，一旦手術開始執行，就要做到完成。

門診與手術，是我行醫以來的日常，從一九八二年起逾四十年了，不管是在知識、設備和制度上，醫療的進步雖不至於誇張到一日千里，但是日新月異卻是不爭的事實。

＊＊＊＊

延長的是生命，還是病痛？

知識需要時時檢視更新，設備需要日日改善精進，那麼制度呢？我因為長期接觸癌友，所以對於健保的良善和漏洞，真的是有深刻的感受。

我們是一個民主社會，但健保制度卻像是社會主義，包山包海，一開始，或者說初衷自然是德政，但是實行這麼多年下來，漏洞不斷出現。

經費的缺口當然是最主要的漏洞，但礙於種種的理由，沒有人能夠痛定思痛的大幅改革。若是問我，我個人的想法自然不少，但是提綱契領就是能否「保大不保小」？

當然以分配額的大數據來看，包括民眾，並不難從各個管道去了解用掉健保費用最大塊的是哪幾項醫療，不過如果感冒等等能夠治癒的、大部分民眾也都負擔得起的病項能夠先由自己負擔，那麼生大病時，因為健保的範圍可以比較寬廣，民眾的選擇可以比較多樣，是不是就可以比較安心？

當然，每個人對改善健保的想法不同，但有一個共同點就是：身在其中，我們每個人都該學習面對，而不是拖過一日是一日，導致連日常小病用藥的選擇都會縮減的窘態。

從健保的啟動，民眾就醫的方便和用藥上經濟負擔的減輕後，顯而易見的效果之一，就是餘命的延長。

壽命延長好不好？當然好；**可是我們要關注的，應該還有另外一個議題，延長的是生命，還是病痛？**

目前需要長照的人口，已經不是十幾萬，而是幾十萬，而每一個需要長照的人口背後，就有一個受困於此的家庭。

因為自己也身處在這種階段的齊萱問我對長照的看法。如果是以整個台東來說，我們東馬身為台東醫療的最後一道防線，我最關注的是重症和急症，長照這一塊，我們當然也有配合的養護中心，不過始終不是重點，這一塊，可以讓台東其他幾家大型醫院去整合發展。

但齊萱要問的顯然不是只有這個大面向，她更想知道，以我身為醫生，尤其是婦癌專家這個面向，在一個人需要長照之前之後的細微看法。

比如說，急救或者長期治療要到什麼程度？長照又要選擇什麼樣的做法？

第一個問題看似比較好回答，其實兩者是相通的。如齊萱本人告訴我，她和母親都已經簽署了DNR，即Do-Not-Resuscitate，不施行心肺復甦術的縮寫，下一步，她還想要簽署病人自主法，因為她單身無兒女，相對來說是單純一點。

可是母親呢？萬一到了需要插管，不是DNR中的項目，而是鼻胃管的時候，她能夠遵照母親現在表明的意思，連鼻胃管都不插嗎？

當她這樣跟我聊時，我終於明白她說要以我為主，為台東馬偕的努力留下一段紀錄，絕對不是場面話，她做的多次約訪，也都是實實在在地把我的話聽進心裏。

長照之於我，是台灣社會高齡化後，在我的工作崗位上才面臨的議題嗎？是我的母親在生命的最後兩年臥床，才深刻體驗的感受嗎？

當然不是。

＊＊＊＊

長照儼然已經成為高齡化社會的新現象、新議題

「院長您或許不記得了，關於長照，這不是我們第一次聊到。最初回溯在台北的生長過程時，您提到了罹患小兒麻痺症的小弟。」

「是，我始終沒忘記外婆和母親的交代，她們說我是醫生，無論是專業還是經濟上，都較有能力照顧弟弟。所以直到今天，小弟就是我的責任，甚至早已經成為義務。除了負擔吃住，還請了一名看護照顧生活起居。」

齊萱沒有再繼續重複，但是我知道她感受到的是，有關於長照，早在幼時我看著母親帶著弟弟到處求醫的身影，就已經深深烙印在我的心版上。

每個人的人生自然有各個不同的轉折和階段，么兒肯定是我母親人生的一個大大的轉折點。

母愛是不是天生的？近來很多書籍和戲劇開始敢於提出這個疑問，甚至提出一些顛覆我們的認知和想法的答案，不過就我母親而言，我知道她深深疼愛憐惜著孩子，或有輕重緩急的選擇，卻沒有偏頗疏忽的地方。

但是我在心疼弟弟之餘，仍然覺得母親被耽誤了。即便這個耽誤是她願意付出，也是上天給予的安排。**甚至可以說在我還來不及認識何謂「長照」之前，我們全家就已經或多或少的受到這件事的影響。**

所以長照的對象，絕對不是只有長輩，照顧者也並不絕對是年紀比較小的。有兒孫在外，年長夫妻的「老老照護」，有孩子一出生，或者後天因為疾病和意外而需要父母長期照顧的，這些也是長照。

長照儼然已經成為高齡化社會的新現象、新議題。

我自己的母親在生命的最後兩年因為摔倒而臥床，幾乎就住在醫院裏。所有的費用，即便因為我的身分，住院費部分可以打點折，但就算是我，也是一筆沉重的負擔。

所以關於長照，甚至是往前推，關於包括末期癌症在內的重症要不要積極治療，要不要氣切插管等等，我實在是沒有所謂標準的答案，這都要靠各人的選擇。

唯一能夠建議的，是最好趁自己意識還清楚，身體還健康時就要思考這件事，同時願意跟相關的家人討論。不管有沒有信仰，也不管信仰的是哪一個宗教；無論你是把死亡當成我們人人都必須經歷的一個新階段，或者是最後的歸屬，生命教育，都是從小就必須學習的。

可能因為我很早就成為長照中的照顧者，還有接觸到許多癌末的被照顧者，所以不時都會思考著這個與人人攸關的議題。

* * * *

醫生，其實是一門最需要管理好自己健康，保持體力的工作

在沒有排手術的日子裏，午餐後我最常做的就是處理公文，有時一處

理就是一整個下午，再抬起頭來時，發現：欸，外頭天色漸漸暗了。

碰上需要主持科務預算簡報，或者其他各式各樣會議的日子；又或者是與總院主管視訊開會，參與亞洲婦癌醫學會國外理監事視訊之類的會議，尤其是在疫情嚴峻的期間；甚至是接待遠如澳洲辦事處副處長、近如地方首長等外賓來訪，又或是出外到地方機關開會，那麼我處理公文的時間就得往後延，往往離開院區的時間，都已經是晚上八點左右了。

這是平日的週一到週四，遇到週五，如果週末有必要赴外地開會，無論如何，我都會請秘書空出下午四點至五點三十分的時間讓我處理公文，然後在五點半時返家，準備出門。

平日回到家，用過簡單的晚餐，除了放鬆，做做簡單的運動，或邀請太太來支簡單的雙人舞，活動筋骨。

醫生，其實是一門最需要管理好自己健康，保持體力的工作。因為生活作息和工作性質的特殊性，我們承受著莫大的壓力，跟大家一樣，包括我在內，也曾有過胖的階段。

身為長期建議病人控制體重的醫生，自己卻無法以身作則，豈不完全沒有說服力？所以我花了一段時間健康減重，並且有自信絕對不會、也不要復胖，並且恪守早睡早起的鐵律。

每當這個時候，就會想起年輕時怎麼熬夜都不怕，而且好奇爸媽，尤其是父親怎麼連除夕都無法熬夜？當時他曾說等我到了一定的年齡就會知道，現在真的明白了，身體是很誠實的。

我醫學院一畢業就進入馬偕醫院服務，可以說是永遠的馬偕人。很景仰醫院創辦人馬偕博士所說：「一切都為基督！」立志來台奉獻之「**寧願燒盡，不願銹壞**」的精神，但我也清楚他寧願燒盡的是奉獻的「熱情」，可不是犧牲自己的健康，那就無法實現「愛人如己、照顧弱勢」信念，影響更多人了，所以照顧好自己，絕對是我們每個馬偕人都該有的體悟。

逢上要到台北開會，或者之前台東尚無達文西手術設備，我必須帶著病人到台北馬偕動手術的日子，我很喜歡在飛機起飛後，俯瞰台東小巧的點點燈火，那與我稍後會降落的台北盆地的璀璨繁華，當然大不相同。

但是在我心中，這早已不必相比，無論台東或台北，我就是永遠的馬偕人，這十年來，我經常想起《羅馬書》8：28中所言：「我們曉得萬事都互相效力，叫愛神的人得益處，就是按他旨意被召的人。」

身為醫生，雖是服事人，卻讓我的靈性增長，越服事越得著上帝所賜的能力。為了不負當年楊育正總院長所託，確實地承接這重要的醫療傳道使命，在工作上始終秉持著「與神同行」、「要有異象」和「愛神亦愛人」三項信念，雖然忙碌，但神的恩典滿溢，主愛無限，讓我越服事越甘甜。

這十年來，每次為台東民眾服務，我總是會想起《馬太福音》25：40所說：「我實在告訴你們，這些事你們既做在我這弟兄中一個最小的身上，就是做在我身上了。」

這讓願為主精兵的我，之前能夠帶領醫院，秉持醫療傳道的使命，勇往直前，也讓即將卸下院長職位的我，相信心中的藍圖：為了建構更完整、更優質的醫療環境。除了讓目前過於分散的癌症醫療空間更集中更寬敞外，還能符合法規與設置的要求，添購更高階的癌症診斷及治療的各式新儀器，擴建隨著醫療人力醫療技術留在台東，更多癌症病人願意留在本地開刀所需的開刀房，以因應更多的開刀量，讓台東癌症醫療在籌設達文西機械微創手術系統後，不但是與北部同等級，是治療品質能達到國際水準，真正落實台東民眾就醫「急症及時處理，重症在地治療」的目標，所以一定要成立新的癌症治療大樓。

這個始終在我計畫中的心願，相信在上帝的祝福下，必後繼有人，指

在禮拜堂內讀《聖經》，窗外的台東和上帝的言語，總能給我力量。

日可待，一定可以為台東民眾拚上守護健康的另一塊大拼圖。

而我知道即便卸任院長行政職務之後，我還是會以榮譽主治醫師身分，固定回到台東看診與手術。

齊萱說：「院長，您這樣太累、太辛苦了。雖然包括我在內的病友，都需要您的照顧。」

我說不累、不辛苦，與過去十年對照，未來我不再只是「去」台東服務，而是「回來」實踐我守護台東民眾健康的承諾。

不是去偏遠的台東，而是回家。

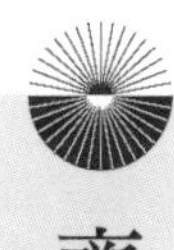

齊萱的結語

他終於不再掩飾我能清楚感受到的憂心，他說馬偕的醫護人員不能倒，因為一旦疫情全面蔓延，資源相對少、幅員相對廣大的台東，防疫「療」疫勢必更加嚴峻，而馬偕，必須成為為民眾走在最前，挺到最後的防線及倚靠。

二〇二三年十月三日星期二，七點二十八分坐在開啟的電腦前，眼神循著螢幕上的檔案：「20191225 訪問王功亮」、「20220221 訪問王功亮」、「20220316 訪問王功亮」、「20220311 訪問王功亮」、「20220328 訪問王功亮」。

第一次的訪談內容，後來在二〇二〇年一月份《懶得出去・在家看書》廣播節目的「在地閱讀・閱讀在地」單元中，連續播出四集，是在院長室管理師蔡福松的安排下，院長與我首度在東馬診間之外的會議室見面，也是「想為『王院長在東馬』留下紀錄」念頭的初次萌芽。

距離他為我開刀、排定後續治療

及追蹤的日子，不過才九個月，遙望未來，「五年存活率」的目標遠到不要說幾乎看不見，甚至是從同年七月，除了自身有狀況，還要開始長照母親生涯，無法想像的「明天」。

就在二〇一九年六月至二〇二一年六月，每隔三個月一次，總計九次的前兩年追蹤期間，我完成了手術前翻譯了三分之一的書稿，並開始書寫在二〇二二年一月二十六日出版的《親愛的，我在》。

然後，同年二月二十一日，一樣透過福松的安排，我開啟了想為王功亮院長和台東馬偕寫一本書第一哩路。

＊　＊　＊　＊

我們在這裏，永遠、永遠相信你們自己有力量

我的想法很單純，從二〇一九年三月五日與王功亮院長開始接觸起，到後來陪伴母親就診，進出東馬已經成為我日常生活的一部分，所以想為王功亮院長及東馬寫一本真正的書，而不只是和朋友聊聊天，或成為

網路社群上的感言，當然，更不可能是一大落厚厚的文宣品。

若非有以東馬的設立、精進、改變，甚至是翻轉為背景，是說服不了幾乎全心全意，都在讓東馬成為台東民眾最堅實的醫療守護的王院長首肯答應的。

二〇二二年二至三月進行訪談時，COVID-19 疫情已經嚴峻。僅管早在二〇二一年三月二十二日，王院長已經帶頭，並鼓勵院內第一線醫護人員開始施打AZ疫苗，五月十八日為因應疫情，將5A及5B轉為專責病房，2A轉為專責重症病房。六月十五日，張榮發基金會捐贈二人式戶外正壓採檢亭，七月十四日，台北 3482 地區大同扶輪社再捐贈六人式戶外正壓篩檢站。

但到了三月二十八日最後一次的訪談，他終於不再掩飾我能清楚感受到的憂心，他說馬偕的醫護人員不能倒，因為一旦疫情全面蔓延，資源相對少、幅員相對廣大的台東，防疫「療」疫勢必更加嚴峻，而馬偕，必須成為為民眾走在最前，挺到最後的防線及倚靠。

二〇二二年五月六日，東馬四樓病房爆發 COVID-19 群聚，引發一連串媒體效應，但是整個台東馬偕，無人迴避二〇二二年四月二十六日，承接台東縣政府加強型集中檢疫所的責任。步步如履薄冰，日日緊戒負重，縣長饒慶鈴就曾多次坦言對王功亮院長和東馬全體人員無盡的感恩。

即使不是醫護人員，相信很多人與我一樣，都聽過、甚至看過、讀過、思考過在醫療界兩篇廣為流傳，部分內容如今誠然已經不盡吻合時代需求，但精神卻扣緊醫護宗旨的希波克拉底誓詞和南丁格爾誓言。

希波克拉底誓詞最早是在一八〇四年，被蒙彼利埃醫學院引為畢業生的誓詞，後來比較廣為流傳，並且經多次修改的，是一九四八年於瑞士日內瓦舉行的世界醫學學會（WMA）上，日內瓦大會採用作為醫生畢業時的宣誓誓詞。

這份《日內瓦宣言》多次經過增補，至今的修訂版本為：

「當我進入醫業時：

我鄭重地保證自己要奉獻一切為人類服務。

我將要給我的師長應有的崇敬及感戴；

我將要憑我的良心和尊嚴從事醫業；

病人的健康應為我的首要的顧念；

我將要尊重所寄託給我的秘密；

我將要盡我的力量維護醫業的榮譽和高尚的傳統；

我的同業應視為我的手足；

我將不容許有任何宗教，國籍，種族，政見或地位的考慮介於我的職責和病人間；我將要盡可能地維護人的生命，自從受胎時起；即使在威脅之下，我將不運用我的醫學知識去違反人道。

我鄭重地，自主地並且以我的人格宣誓以上的約定。

南丁格爾誓言：

「余謹以至誠於上主及會眾面前宣誓，終身純潔，忠貞職守，盡力提高護理專業標準，勿為有損之事，勿取服或故用有害之藥，慎守病人及家務之祕密，竭誠協助醫師之診治，務謀病者之福利。」

不論在自己治療疾病期間，長照期間，乃至於在這時間夾縫中書寫王功亮院長及台東馬偕醫院的期間，我最深的感受之一，就是這一家醫院三十六年、這一位院長十年到底給了包括我在內的台東民眾什麼改變？

我想起了自己喜歡的作家張嘉佳在他的小說《天堂旅行團》中寫的一段話：

「遇見你

就像跋山涉水遇見一輪月亮

以後天黑心傷

就問那天借一點月光。」

也想起了我從 Alan D.Wolfelt 在《Companioning the Bereaved：a soulful guide for caregivers》對於陪伴概念詮釋所得到融合感受：

「陪伴是與關愛的人一起進入心靈的荒漠，而非肩負共同走出幽谷的責任。是先放棄覺得自己有幫助別人解除痛苦的方式，謹守單純的出席，陪伴他度過悲傷的原則；

是尊重心靈、用心傾聽，沒有定見的存在；

是伴行承接，讓他不致孤獨的安定；

是發現沉默注視的奧妙，而非用言語填滿每一個痛苦的片刻；

是保持靜止，甚至見證掙扎的苦難歷程，而非評論或指引對方急著向前行；

是一次次敬重失序與混亂，無視秩序與邏輯的同在；

是一種情緒共振的狀態。」

我永遠都不會忘記每一次回診追蹤時，王院長總是會在確認我狀況穩定後，加上一句醫囑：「妳要快樂。」

每次都讓我鼻端發痠、眼眶發燙。

容我鞠躬，深深鞠躬：

王功亮院長，感謝您過去十年，率台東馬偕全體醫護及所有同仁，守護台東，未來，並將沿續這份良善美好。

王功亮院長與台東馬偕一直以來持續做的，就是沉默的陪伴，讓我深切得體會東馬不但是真正的愛護我們，而且最重要的是：

「我們在這裏，永遠、永遠相信你們自己有力量。」

醫心

急症立即處理，重症在地醫療！婦癌專家**王功亮**台東馬偕三千天

作　　者：王功亮、齊萱

責任編輯：曹馥蘭
協力編輯：蔣孟岑
美術設計：王慧傑
封面攝影：徐維
圖片提供：王功亮、台東馬偕醫院

總 經 理：李亦榛
特別助理：鄭澤琪

出　　版：樂知事業有限公司
電　　話：（02）2755-0888
傳　　真：（02）2700-7373
網　　址：www.sweethometw.com
E m a i l：sh240@sweethometw.com
地　　址：臺北市大安區光復南路 692 巷 24 號 1 樓

總 經 銷：聯合發行股份有限公司
電　　話：（02）2917-8022
地　　址：新北市新店區寶橋路 235 巷 6 弄 6 號 2 樓

印　　刷：兆騰印刷設計有限公司
電　　話：（02）2228-8860

初版二刷：2024 年 2 月
定　　價：380 元

國家圖書館出版品預行編目資料

醫心：急症立即處理，重症在地醫療！婦癌專家王功亮台東馬偕三千天/王功亮、齊萱著.
-- 初版. -- 臺北市：樂知事業有限公司, 2023.12
　面；　公分
ISBN 978-626-97564-3-8(平裝)

1.CST: 王功亮 2.CST: 醫師 3.CST: 傳記 4.CST: 醫療服務
783.3886

112020680

少年十五二十時

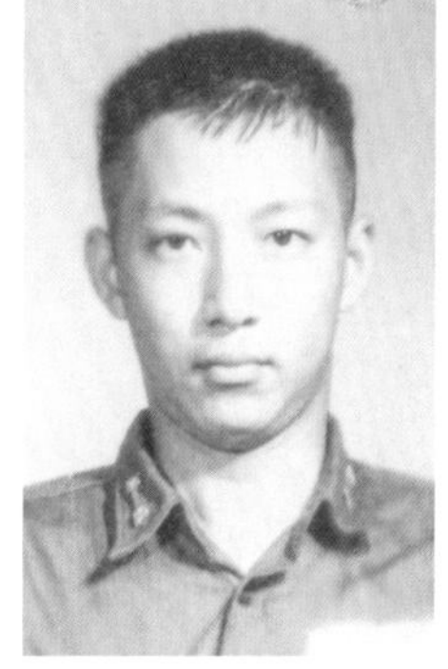

1

2

3

5

4

1. 成功嶺受訓時期的大頭照。
2. 初中時到八卦山以及高中至碧潭旅遊的青澀模樣。
3. 高雄醫學院醫學系同窗七年，左一是在美國執業的李順豪，右一為顏慕庸（台北市立聯合醫院昆明院區院長），是 SARS 時的英雄之一，右二為李發焜（國泰綜合醫院院長）。
4. 高雄醫學院醫學系醫學士照。
5. 大學七年，都是擔任救國團中國青年服務社假期活動服務員，簡稱嚕啦啦（LuLaLa）。

（圖片提供／王功亮）

親情

1

2

1. 成長後的王功亮（右）和父母親及大弟（左）、小弟的全家福合照。
2. 2021年1月2日全家參加元旦聚餐。（右為大兒子，左為小兒子）

（圖片提供／王功亮）

研習進修

1

2

3

4

5

1. 1989年赴美國華盛頓參加世界婦產科大會。
2. 行醫生涯中重要貴人，美國德州休士頓 M. D. Anderson 癌症中心主任醫師 Dr. Felix Rutledge。
3. 因為之前有赴美國德州休士頓 M. D. Anderson癌症中心進修的經歷，後來得以邀請該中心Professor John Kavanagh來台和馬偕醫院及各大醫院演講交流。
4. 在瑞典斯德哥爾摩參加世界婦癌醫學會。當時還是小醫生，都是在看板前介紹自己的研究論文。
5. 參加首屆兩岸醫學交流研討會，萬里長城上留影。　（圖片提供／王功亮）

承擔

2014 年王功亮接任台東馬偕醫院第九任院長。（圖片提供／台東馬偕醫院）

專業服務與團隊

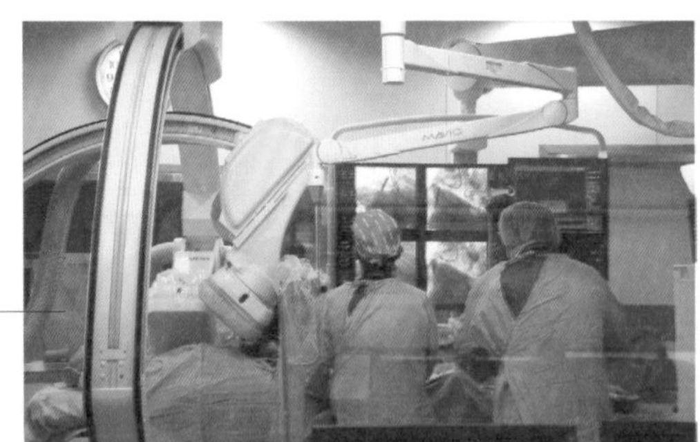

1

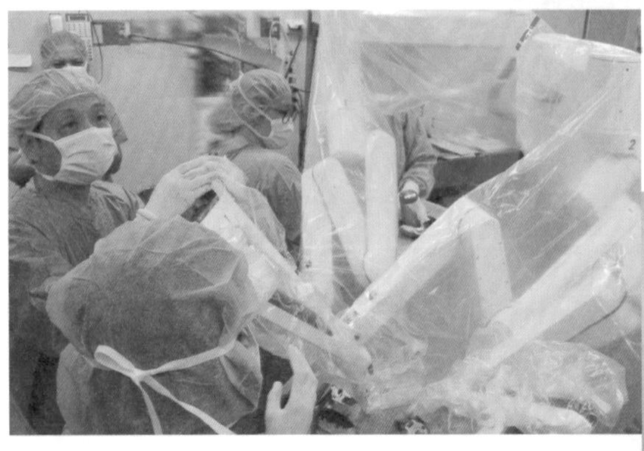

2

4

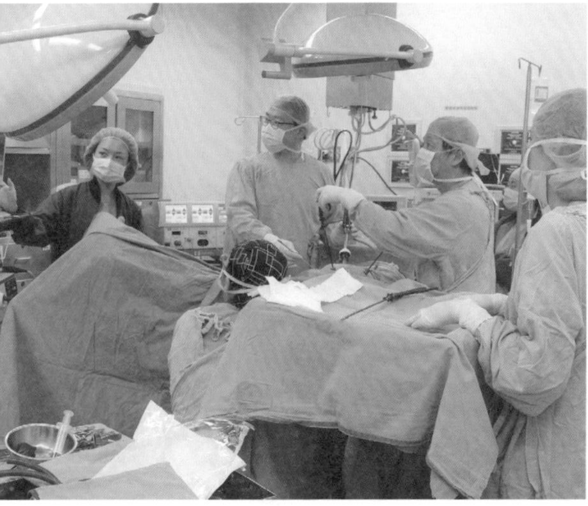

3

5

1. 2016年第二台心導管儀啟用，心臟血管加護病房CCU 搬遷至一樓。（圖片提供／台東馬偕醫院）
2. 2019年台東馬偕引進達文西機械手臂，婦癌專家王功亮操作。（圖片提供／台東馬偕醫院）
3. 婦癌專家王功亮以六十歲之齡，百大名醫之一的身分，隻身來到台東，扎扎實實的添設備、找人才，不斷、不斷的鼓勵全院同仁搶命、治癌、救心，遠赴離島、偏鄉，護肝、點燈和維護基本就病權，守護台東這「最小的弟兄」。（攝影／徐維）
4. 王功亮院長與婦癌專科團隊，為病患進行手術。（圖片提供／台東馬偕醫院）
5. 王功亮院長以醫者之心，傾盡全力為每一位患者看診。（攝影／徐維）
6. 王功亮院長率台東馬偕全院醫護員工，累積三千個日子，完成「急症立即處理，重症在地醫療」的使命。（圖片提供／台東馬偕醫院）

6

關懷

1

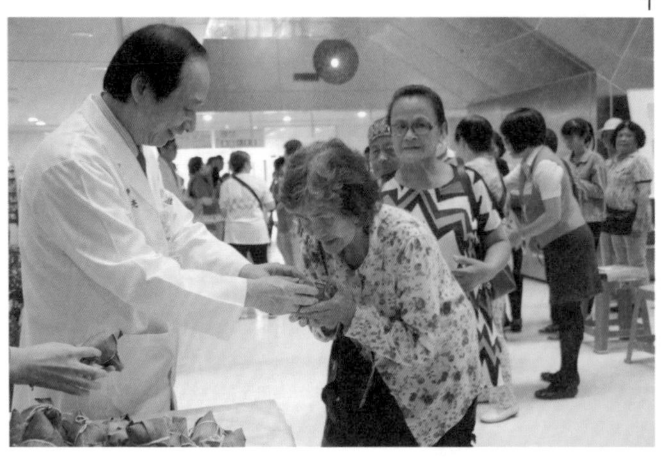

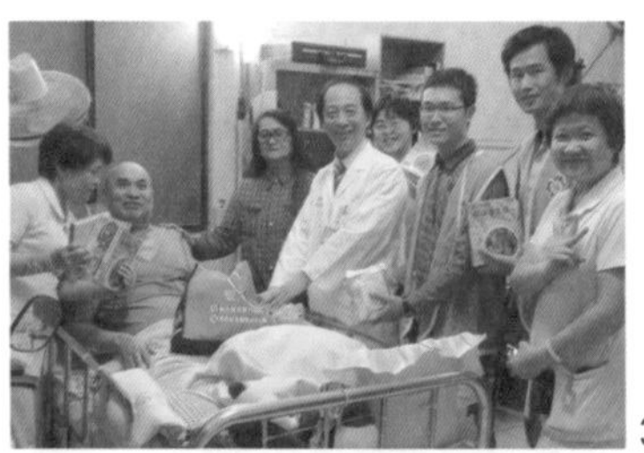

3

4

2

1. 端午佳節王功亮院長贈送粽子給醫院的病患。
2. 王功亮院長關懷早療慢飛天使。
3. 年終歲末王功亮院長探訪獨居老人、關懷街友送圍巾。
4. 王功亮院長關心陳樹菊阿嬤住院。
5. 熱愛國標舞的王功亮，在台東馬偕醫院的年終忘年會活動中，與太太一起表演，身段優雅、舞姿曼妙，令同事們讚嘆不已！

（圖片提供／台東馬偕醫院）

5

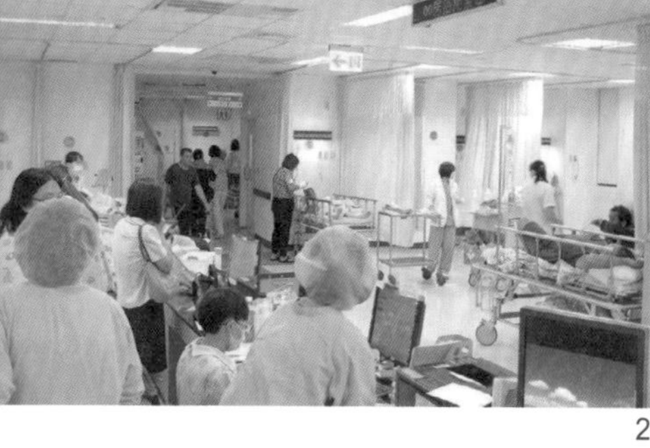

2

救災

1

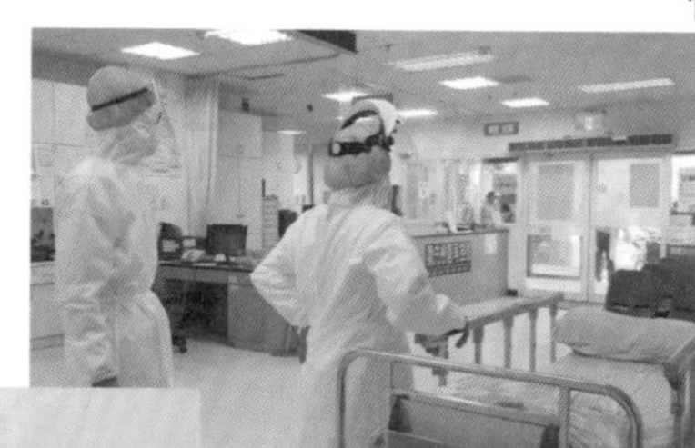

3

1. 2021年5月起疫情變得嚴峻，三年來王功亮院長帶領台東馬偕，配合中央疫情指揮中心的政策，設立台東收治 COVID-19 重症病房及防疫旅館之責，在防疫上有傑出的表現。
2. 尼伯特颱風之後，台東馬偕更換mri 及心導管空調主機。
3. 尼伯特颱風重創台東，急診室醫護團隊，不停歇為受傷患者縫合。

（圖片提供／台東馬偕醫院）

奉獻

2

1

1. 因為防疫有成，在2020年獲醫師公會全聯會頒台灣醫療貢獻獎（行政院長蘇貞昌頒獎）、防疫特殊貢獻獎；2022年再獲防疫特殊貢獻獎。
2. 在馬偕醫院服務四十年以上，於2023年12月12日在馬偕醫院總院大禮堂的資深員工表揚大會上，王功亮院長上台領獎得此獎勵。

（圖片提供／台東馬偕醫院）

榮耀

1

3

2

1. 2023年12月1日起連三天，於台北市華南國際會議中心舉辦的亞洲婦癌醫學會年會。由現任理事長金載元（Jae-Weon Kim）教授，頒發亞洲最具貢獻的婦癌醫師傑出成就獎，台東馬偕醫院王功亮院長是此次獲獎人之一。
2. 衛福部長薛瑞元（中）親自參與出席來自台灣、日本、韓國、香港、菲律賓、馬來西亞、泰國、印尼、新加坡、印度、孟加拉及烏茲別克等大約六百名以上婦癌醫師們的盛會，也是疫情後亞洲最大的婦癌交流會議。右為台灣婦癌醫學會理事長王鵬惠，左為是台東馬偕醫院院長王功亮。
3. 2023年是亞洲婦癌醫學會年會成立十五週年以來，台灣首次成為在非日本與韓國兩地舉辦年會的國家，王功亮院長獲頒傑出成就獎殊榮。

（圖片提供／王功亮）